Par où commencer ?

Desislava BOSCHET

Par où commencer ?

BoD

Photographies et Illustrations : Desislava Boschet
Corrections : Cyril Boschet & Angélique Perrais

© 2019 Desislava Boschet
ISBAN 9782322187799
Dépôt légal – Novembre 2019

Édition : BoD – Books on Demand, 12/14 rond-point des Champs-Élysées, 75008 Paris.
Impression : BoD - Books on Demand, Norderstedt, Allemagne »

Remerciements

Avec ces quelques lignes, je souhaite, remercier

Les personnes qui font ou qui ont fait partie de ma vie, vous m'avez tous apporté des leçons et de l'amour.

Mes clients, qui m'ont obligée à m'améliorer jour après jour.

Et à la fin mais le plus important ! Je souhaite remercier de tout cœur, mon mari. Lui, qui croit en moi ! Beaucoup pensent que j'ai de la chance d'avoir quelqu'un qui fait autant d'efforts pour moi, moi je pense que j'ai beaucoup de chance d'être avec quelqu'un qui estime que je mérite tous ces efforts !

Préface

Les pages qui vont suivre, ne sont ni un essai psychologique, ni des théories scientifiques avancées après de longues et fastidieuses recherches... Les mots couchés sur ces feuilles sont simplement une partie du long chemin, que j'ai dû parcourir pour me reconstruire, pour me libérer des chaines du passé, pour me libérer de moi-même ! C'est une histoire de vie, c'est une partie des techniques que j'ai découvert, des leçons que j'ai pu en tirer et le fruit de longues et fastidieuses recherches que j'ai dû mener pour aller mieux...

Pourquoi dois-je prendre du temps pour écrire tout cela ? Pourquoi devrez-vous prendre le temps de lire tout cela ? En regardant autour de moi, j'ai découvert que mon parcours n'a rien d'extraordinaire ! Nous sommes tous devenus susceptibles, fatigués, désabusés... Nous sommes pris par notre train-train quotidien à la vitesse d'un TGV qui nous emporte loin de notre énergie et nos convictions ! Nombreux d'entre vous viennent de se reconnaitre dans ce que je viens de dire, d'autres viennent de reconnaître des proches ... Alors oui, il me semble utile de prendre le temps d'écrire par quels moyens j'ai ralenti, je me suis libérée et j'ai appris comment respirer... Alors oui, il me semble important que des gens prennent le temps de découvrir comment et pourquoi il faut prendre soin de soi !

Comment réussir de vivre en paix avec soi, si je ne suis pas ou peu capable de comprendre ce qui se passe dans mon fort intérieur ? Comment puis-je avoir un impact positif sur mes réactions si je ne sais point pourquoi j'agis de telle ou telle manière ? Malheureusement, trop souvent nous interprétons les intentions des autres selon ce que nous croyons avoir compris ou bien selon notre propre ressenti. Est-ce toujours la réalité ? C'est bien notre propre réalité mais cela ne veut pas du tout dire que c'est la réalité pour tout le monde !

Récemment une personne m'a dit « Tu vois, je n'avais rien dit et pourtant elle utilise la phrase – ce n'est pas pour te blesser mais…, si elle y a pensé c'est qu'elle VOULAIT en réalité me blesser, sinon elle n'aurait pas pensé du tout que je serais blessée ! ». Oui il est possible que derrière cette phrase se cache une agression personnelle mais il y a encore une bonne dizaine de raisons possibles pour employer une telle entrée en matière et cela SANS vouloir blesser qui que ce soit !

Alors comment savoir quand est ce que nous avons vu juste et quand est ce que nous fabulons ? Pouvons-nous réellement être sûrs de ce que nous avançons ? J'ai longtemps vécu selon ce que j'interprétais dans les mots et les expressions des personnes autour de moi... c'était la pire période de ma vie ! Puis-je être sûre alors de quoi que ce soit dans mes échanges sociaux ? Aujourd'hui, je pars du principe que je ne peux que supposer, imaginer, interpréter... je garde cependant à l'esprit que j'ai peut-être raison ou pas ! Si quelque chose me blesse je préfère demander ce que la personne met derrière telle ou telle action / phrase, j'explique pourquoi je me suis sentie mal... Bref, je parle et si les gens le souhaitent ils écoutent, s'ils n'ont pas envie et bah c'est leur droit ! Si nous ne pouvons pas communiquer actuellement c'est que simplement pour le moment nous sommes probablement trop différents pour avancer dans la même direction, cela ne veut pas dire que nous ne serons pas « compatibles » plus tard, cela veut simplement dire qu'AUJOURD'HUI nous voyons les choses différemment. Alors pourquoi s'empoisonner la vie mutuellement ? Nous voulons à tout prix s'imposer les uns des autres « LA Vérité ultime » dont nous sommes tellement persuadés de disposer ?

Est-ce que, cela vous dit de comprendre, ce qui m'a permis de lâcher prise ? Je vous laisse faire connaissance avec les techniques suivantes, je vous souhaite de trouver la même liberté que celle qui m'a été donnée d'atteindre ! Vous verrez c'est merveilleux !

Je sais que nous sommes tous pressés et occupés, alors dans cet album, je survole rapidement des principes de psychologie, des thérapies, des médecines douces… Je me suis fixée comme objectif de vous amener à la rencontre avec le monde du bien-être en toute simplicité. Certains m'accuseront peut-être de « vulgariser » certains principes, je plaide coupable ! Je pense que, le savoir n'est pas forcément besoin d'être exprimé de manière académique et avec des termes compliqués…. Et si mon livre vous pousse vers un premier pas de changement, je serais alors heureuse et fière d'avoir pu apporter ma petite goutte, telle un petit colibri !

Bonne lecture

Je vous propose de commencer par en apprendre un peu plus sur les émotions et leurs impacts sur nos décisions.

Comment puis-je comprendre les autres si je ne me comprends pas moi-même ?

Les Emotions

Avoir quelques notions sur les émotions et leurs impacts permet de les prendre en compte plus régulièrement. Ceci est indispensable pour devenir autonome dans la gestion de ces deniers.

« J'ai choisi d'être heureux parce que c'est bon pour la santé » - Voltaire

Nos émotions, nos sentiments sont des moteurs très puissants qui nous font avancer, nous font grandir, nous font *Exister* !

Les pensées négatives détruisent doucement mais surement aussi bien notre santé mentale que notre santé physique. Les laisser s'enraciner et s'épanouir, c'est comme laisser les fleurs d'un jardin se faire étouffer par des mauvaises herbes. Les pensées négatives vont s'enrouler doucement mais sûrement autour de la joie, la paix, le calme et avant que nous puissions nous en rendre compte, nous serons devenus aigris et pessimistes, nous serons devenus simplement des bonhommes gris sur la surface de la terre. Laisser la colère, la tristesse, les inquiétudes prendre le pas équivaut de les laisser écraser toutes pensées positives, les espoirs, les rêves… tout finit par être consumé.

Nous oublions malheureusement trop souvent, que tout ce qui n'est pas exprimé continuera d'exister à l'intérieur de nous, et très souvent il restera là sous une autre forme. Très souvent une forme dont nous ne soupçonnons plus l'origine. Par exemple : la colère sera remplacée par une soumission apparente, mais qui doublée d'un sentiment d'injustice et d'insatisfaction continuera de nous ronger de l'intérieur. Ou bien une passion interdite et refoulée sera remplacée par un sentiment de honte et de culpabilité… Avec le temps, nous finirons par nous dire « C'est bon ! je suis passé à autre chose, je ne suis plus en colère. » Le fait que nous le croyons ne veut pas forcément dire que c'est le cas. Combien de fois avons-nous explosé pour « une broutille » ?

Combien de fois avons-nous eu des réactions démesurées ? Repensez maintenant au nombre de fois que vous avez ravalé votre colère face à la personne avec qui vous vous étiez fâché ?

Lorsque nous refusons de faire face à des évènements douloureux ou de prendre des décisions difficiles, au bout d'un certain temps c'est le corps qui s'exprime. Des douleurs chroniques, des maladies au système nerveux... les moyens utilisés par l'inconscient pour attirer notre attention sont très nombreux ! Un sentiment bloqué pendant des années peut un jour se réouvrir sans crier gare. Un beau jour, vous pouvez vous surprendre à verser des flots de larmes à l'annonce du décès d'une personne que vous connaissiez de loin alors que vous étiez restés stoïques à l'annonce du décès d'une personne très proche...

Les sentiments payés « en retard » ont toujours un prix beaucoup plus élevé qu'au départ. Plus vous connaissez vos sentiments, mieux vous les gérez.

Un sociopathe est généralement quelqu'un de très objectif et d'une logique très froide. Tuer ou écraser une personne ne lui posera pas de problème tant que cela sert un intérêt. Cela est dû au fait que ce type de personnes sont dépourvues de sentiments.

Dans notre quotidien chacune de nos décisions, chacun de nos choix sont dictés par un sentiment. Je ne tue pas car j'ai pitié, j'ai peur des conséquences, j'ai le sentiment de culpabilité… Je pardonne une erreur car j'aime la personne, je tolère un défaut chez mon ami car j'apprécie grandement ses qualités, je tourne le dos à une personne car elle me fait peur… bref les sentiments sont la faiblesse et la force des humains !

Nos sentiments sont une suite de signaux électriques et chimiques que le cerveau interprète, cela engendre une série de décisions de notre part.

Nos croyances et notre propre vécu créent une réalité qui nous est personnelle.

Deux personnes qui vivent dans la même ville peuvent la trouver magnifique et odieuse selon le mode de vie qu'elles auront. En admettant que la personne A, va tous les matins faire une balade à pied, qu'elle prend le temps d'admirer le lever du soleil qui illumine les toits, d'écouter les oiseaux et leur chant matinal… bref lorsqu'A pensera à sa ville, ses balades en feront partie, alors A dira que cette ville est belle, romantique… Et B alors ? B qui court pour attraper son bus car il est toujours en retard, B qui fronce le nez à cause des odeurs des pots d'échappements… B dira que cette ville est pressée et fatigante, que c'est une ville grise qui sent mauvais ... A et B sont voisins mais A et B vivent dans des villes différentes... La ville que chacun d'eux a créé dans son cœur, dans sa tête...

Et vous ? Quelle réalité avez-vous créé pour votre ville ?

Voici une petite liste de sentiments négatifs qui tirent nos énergies vers le bas (liste non exhaustive)

Frustration, Déception, Doute, Dévalorisation, Inquiétude, Rumination, Reproche, Découragement, Lassitude, Désespoir, Chagrin, Impuissance, Colère, Vengeance, Rancune, Haine, Jalousie, Manque de confiance.

Les émotions négatives sont celles qui provoquent des perturbations dans le système énergétique ainsi que dans le corps. Et si la prochaine fois qu'un sentiment négatif, vous envahie au lieu de se laisser submerger vous essayez de trouver quelle partie de votre corps réagit ? Est-ce une boule dans l'estomac ? Est-ce une pesanteur dans la poitrine ? Et pourquoi à cet endroit en particulier ?

Lorsqu'une personne exprime quelque chose (verbalement ou non), elle parle à travers son vécu et ses croyances, ses blessures et son éducation. Ce que je laisse sortir hors de moi, je l'ai d'abord fait grandir à l'intérieur de moi ! Il est important de comprendre ce principe, car lorsque nous nous trouvons face à une personne dont nous ne comprenons pas les réactions ou les paroles, nous cherchons souvent désespérément à lui faire prendre « le droit chemin » tel que nous le voyons si évident, alors qu'il serait plus productif de simplement chercher l'origine de ses réactions. Au lieu de « lui faire entendre raison », nous pouvons s'asseoir et écouter son raisonnement, lui demander pourquoi elle pense comme ça ? Se demander qu'est qui pourrait nous pousser d'agir de la même manière ? Et oui même si nous sommes persuadés de « Ne jamais faire pareil » il faut être honnête avec soi et s'avouer que selon ce que la vie nous sert, nos convictions et nos réactions changent, évoluent…alors si notre vécu était différent, il se peut que nous aurions des réactions similaires à celles que nous venons de condamner si sévèrement !

Comprendre ne veut pas forcément dire accepter bien évidemment ! Je comprends parfaitement pourquoi certaines personnes ont pu m'agresser verbalement dans le passé, cela ne veut pas du tout dire que j'accepterai ce comportement et que je reviendrai vers ces personnes ! Loin de la ! Cependant le fait de comprendre permet de parer ce sentiment d'injustice et incompréhension qui nous envahit dans ces moments. La colère fut remplacée par une simple pitié envers ces personnes. En effet, je suis triste pour elles, qu'elles se créent un monde gris et rempli d'interprétations incongrues, des suppositions, de on-dit… Je suis navrée de les voir détruire leurs talents et leur énergie et s'enfermant dans une prison qu'ils ont créé de toute pièces et qu'ils continuent de renforcer jour après jour… Et vous ? N'auriez-vous pas pitié pour ce genre de personnes ? Savez-vous qu'une grande partie des « Casse-pieds » dans votre entourage font partie de ces personnes ? Savez-vous que généralement, ils souffrent autant que vous voir davantage ?

Prendre conscience de la puissance de nos ressentis est une force. Aujourd'hui, je peux me comprendre et je comprends mieux les réactions des autres. Aujourd'hui, je ne fais plus payer ma frustration à mon entourage (ou du moins je fais tout pour éviter cela). Mais surtout, aujourd'hui, je refuse de subir la frustration de mon entourage. Je parle, je m'exprime, et je demande aux autres d'accepter mon choix de s'exprimer.

En fait, à la finale, « je me fais agresser verbalement » beaucoup moins souvent qu'avant... peut-être le changement de mon attitude y est pour quelque chose ?

La Culpabilité

L'une des premières démarches, pour une vie seine et paisible, est l'éradication de la culpabilité « empruntée ». Savoir déceler, ce qui m'appartient et ce que je m'approprie inutilement... S'aimer et s'accepter passe par le refus de s'auto punir pour les choix de notre entourage.

« Je suis responsable de mes propres choix et nullement de ceux des autres ».

Arrête de frapper ! Mange tes légumes, tu sais les enfants de l'autre bout du monde, meurent de faim !... Et si j'étais intervenue, elle ne serait peut-être pas partie ! ... bref, des tonnes et des tonnes de raisons pour nous faire culpabiliser viennent à nous tous les jours.

Gentiment, nous nous culpabilisons et finissons même par se dire que nous sommes les fautifs de toute la misère sur cette Terre. Lorsque le pauvre petit loup tombe malade ceci sera bien évidemment la faute de sa maman qui n'a pas assez couvert son doudou, s'il tombe c'est encore la personne qui le surveille qui sera responsable. Parfois, cela peut être vrai mais il est souvent question d'une fausse culpabilité. Je dis bien fausse car malheureusement très souvent nous avons la fâcheuse habitude de croire que l'on a une emprise sur les choix de nos proches. Nous avons la tendance à croire que notre vérité est forcément la plus juste. Donc si comme de bons samaritains, nous avions imposé à une autre personne d'agir selon notre vision, nous aurions peut-être pu la sauver... la sauver de quoi ? D'elle-même ?

« Je suis responsable de mes propres choix et nullement de ceux des autres. » Et c'est exactement cette phrase qui changera votre vie.

Oui je peux dire à Martine de faire attention où elle gare sa voiture, je peux lui faire remarquer que les ruelles sombres et peu empruntées sont dangereuses, je peux lui répéter cela plusieurs fois. Mais si Martine n'a pas envie d'entendre mes objections, est-ce de ma faute que sa voiture finisse par disparaître un beau jour ? J'aurais pu... J'aurais dû... et finalement la responsabilité de cette voiture est-ce la mienne ou la sienne ? Est-ce à moi de prendre une quelconque décision ? Non, je donne mon avis, je partage mon expérience mais c'est à la personne en face de faire son choix et de l'assumer ensuite.

Pour structurer un peu mieux, il existe une culpabilité dite utile, saine - ici il est question de cette petite voix qui nous empêche de faire du mal autour de nous (frapper, voler, mentir...). C'est un sentiment qui favorise le développement de l'empathie car elle nous rappelle que la personne en face à des sentiments, des droits - elle existe tout bonnement. Sa fonction sera aussi de rappeler que nous avons transgressé nos valeurs et nos principes moraux.

Rassurez-vous, les psychologues vous le diront - si vous avez des remords et que la culpabilité vous ronge de l'intérieur, vous n'êtes pas un psychopathe, pervers narcissique ou autre représentant des personnes dépourvues d'empathie. Par ailleurs plusieurs recherches ont démontré que nous éprouvons de la culpabilité dès le plus jeune âge. Les parents d'une fratrie se souviennent qu'à l'arrivée du petit deuxième, l'aîné passe par une période maussade et toujours agitée. Durant cette période notre petit aîné se retrouve à aimer ses parents et le bébé tout en étant très en colère contre ces mêmes personnes. Il leur en veut de changer le rythme actuel, de le "détrôner" de passer moins de temps avec lui et en même temps, il s'en veut terriblement d'avoir ces pensées noires à l'égard des êtres les plus chers à son cœur. En effet, cela nous fait mal de les voir comme ça mais il est primordial qu'ils passent par cette période à fin d'apprendre à gérer leurs déceptions, leurs crises, leurs caprices.

Imaginez un petit instant le tableau, si l'enfant n'éprouve pas de la culpabilité à ce moment :

Le bébé dérange, il prend de la place et du temps... bon bah débarrassons-nous de lui... si la petite voix n'est pas là pour dire stop, que va-t-il se passer ? Jusqu'où ira l'aîné ?

Aimée, 3 ans et demi : après une période très agitée et des hostilités envers son petit frère nouveau-né :

"Maman est-ce qu'on peut rendre le bébé ?"

"Ah bon tu ne l'aimes plus alors ?"

"Siiiii (recouverte de larmes) mais je ne te veux rien que pour moi !" - à travers les sanglots la sentence que ce petit être s'inflige depuis déjà 2 mois tombe comme une massue

"Maman, je suis une mauvaise personne n'est-ce pas ?"

Cette culpabilité d'être "une mauvaise personne" a permis à Aimée de contrôler ses pulsions et ses envies de blesser l'envahisseur en couche-culotte qui a bouleversé son équilibre. Après il est de notre devoir d'accompagner les enfants et de les aider dans l'apprentissage de leurs sentiments. Mais bon cela est une autre histoire.

Bien entendu, cette culpabilité je ne peux que la solliciter en vous car elle nous permet de respecter les limites de nos semblables. Elle protège et fait vivre le fragile équilibre qui maintient les échanges sociaux.

En ce qui concerne la deuxième facette de la culpabilité, celle qui nous fait croire que nous avons la capacité de décider à la place des autres... cette partie-là, il est impératif de l'éradiquer.

Maintenant revenons à Aimée et son petit frère déjà un peu plus grand :

Il y a deux jours, Aimée a joué sur un muret, elle s'est fait disputer et on lui a expliqué que c'est dangereux. Son petit frère voulait faire pareil mais maman est arrivée à temps. Aujourd'hui, la petite fratrie joue dans le jardin et Paul monte vite sur le muret pour faire comme sa sœur. Il tombe et son bras est cassé.

"C'est ma faute s'il s'est cassé le bras ! Je suis une méchante !" Aimée est persuadée que TOUT vient d'elle car elle a montré un mauvais exemple. En effet, elle a fait un mauvais choix, mais on oublie que grimper sur le muret c'est entièrement la décision de Paul. Il est certes petit mais il a vu sa maman disputer Aimée, il a également vu sa sœur se faire punir pour cette même action, alors de monter ou non est un choix qui a été fait par lui seul ! La personne qui avait la garde se dira "Si je l'avais mieux surveillé !" Paul pourra se dire "Et si j'avais écouté maman !" Alors à qui la faute ?

Finalement chacun aurait pu empêcher l'accident de se produire... Alors il est très important dans des situations semblables d'endosser uniquement et seulement sa propre responsabilité ! Finalement Aimée pourrait se dire "Je suis responsable des idées que je donne aux autres donc je vais faire plus attention à l'avenir que mon exemple ne soit pas dangereux pour les gens autour de moi" la personne en charge pourra se dire "Je serai plus vigilante à l'avenir" même si avouons-le - il nous arrive à tous d'avoir des moments d'inattention et puis même la personne la plus attentive n'arrive jamais d'éviter TOUS les accidents ! Et pour finir, ce cher petit Paul pourra et devra se dire "J'AI cassé mon bras car J'AI fait un mauvais choix ! JE devrais faire plus attention à ne pas suivre bêtement les plus grands !" Et oui cette leçon-là, plus un enfant l'apprend tôt plus il assumera ses responsabilités à l'âge adulte.

Il existe aussi une autre culpabilité, celle qui nous pousse d'avoir honte de soi.

"J'ai déçu mes parents toute ma vie ! Ils m'ont payé des études supérieures et moi j'ai décidé de rester à la maison et prendre soin de ma famille ! Je suis heureuse de faire ça et je rêverais continuer mais ils doivent avoir raison... c'est du gâchis toutes ces

années d'études... Je ferais mieux de trouver un travail et prendre une nourrice pour élever mes enfants... même si je le crains cette discision risque de me rendre très malheureuse..."

Est-ce réellement du gâchis d'avoir fait des études qui ont élargi notre vision du monde ? Des études qui ont enrichi notre culture générale et qui nous permettent aujourd'hui de se poser des questions, d'avoir un libre arbitre ? Je pense que tout dépend de notre propre point de vue et de nos propres intérêts. Là où une personne va s'épanouir, une autre se sentira étouffée et inversement. Ce que l'on oublie très souvent, c'est justement que la définition de la réussite est simplement de réaliser ce dont NOUS rêvons, de vivre de la manière qui NOUS rend NOUS heureux. Réussir professionnellement ? Vivre de sa passion, être heureux d'aller au travail... et peu importe le salaire qui en découle. Un médecin qui déteste son travail a t'il réussit professionnellement ? Matériellement peut-être... professionnellement je ne le crois pas...

Alors si j'ai choisi de vivre à ma manière, de vivre selon mes choix et ce qui me semble bien à moi, devrais-je culpabiliser ? Je ne parle pas bien sûr du tous des choix qui sont néfastes pour les autres, je parle simplement des « petits riens » comme choisir son avenir professionnel, son conjoint, la ville ou je vais construire ma vie...

Alors toutes ses piqures incessantes "tu peux mieux faire" "tu as les capacités d'aller plus loin" "c'est l'image de ta famille qui en dépend"... Toutes ces chaines que nous nous mettons et que nous resserrons volontairement jour après jour, nous sont-elles réellement utiles ou sont-elles simplement des idées néfastes dont on doit se débarrasser si l'on veut réellement réussir sa vie ?

Je suis responsable de mes propres choix et nullement de ceux des autres !

Rappelez-vous !

Si votre ami/e a décidé quelque chose, c'est lui/elle qui est responsable des conséquences !

Les « Si » et les « J'aurais pu/dû » vous empêchent d'avancer et de voir la situation avec le recul nécessaire qui vous permettra de trouver une solution de votre problème !

Seuls VOS choix sont de votre responsabilité !

Mes Bonnes Résolutions :

1 – J'assume mes choix, peu importe à quel point je crains les conséquences.

2 – Je LAISSE les autres assumer leurs choix et leurs agissements.

3 – Je prends en compte ce qui est bon POUR MOI.

4 – Je vis en accord avec mes principes.

5 – Je refuse systématiquement d'endosser la responsabilité des choix et agissements des autres.

Techniques de Massages et Relaxation

De grands principes de psychologie et de diverses thérapies sont bien utiles. Cependant des milliers de lignes théoriques ne remplaceront jamais la pratique d'une activité qui nous permet de se ressourcer, se reposer, s'écouter !

En premier, je vous présente ma favorite ! Celle-ci fut l'une des premières approches « sérieuses » que j'ai entreprises avec le monde du bien–être. Les massages ... qu'on les reçoit ou qu'on les pratique, ils apportent toujours une grande connaissance du corps, le nôtre et celui des autres ! Combien de fois j'ai entendu les gens s'étonner « Je n'avais pas du tout remarqué à quel point tel ou tel endroit était crispé avant que vous ne commenciez de masser ! » Ou bien « Ce n'est qu'en ressentant le muscle se relâcher sous vos doigts que j'ai pris conscience à quel point c'était douloureux ». Notre corps se raidi un peu plus chaque jour et gentiment nous arrivons à nous en accommoder, nous faisons cela si bien qu'avec le temps la crispation devient « normale ». Je compare parfois cet état avec un petit caillou dans la chaussure. Parfois nous en avons un sans s'en rendre compte, il appuie doucement et avec le temps la gêne devient normale, en revanche le jour où nous remarquons ce petit caillou qui nous gêne à peine, on prend conscience de l'escarre qu'il a créé et à partir de ce moment nous y pensons sans arrêt, jusqu'à réussir à s'en débarrasser définitivement !

Alors à travers les exercices de massage qui vont suivre, je vous invite à vous faire masser mais également de masser ! Lorsque nous recevons un massage, le corps se détend, s'apaise, les bienfaits physiques sont très nombreux. Lorsque nous massons (avec plaisir), nous nous obligeons de ralentir, d'être plus doux, plus calme.

LES BIENFAITS DES MASSAGES

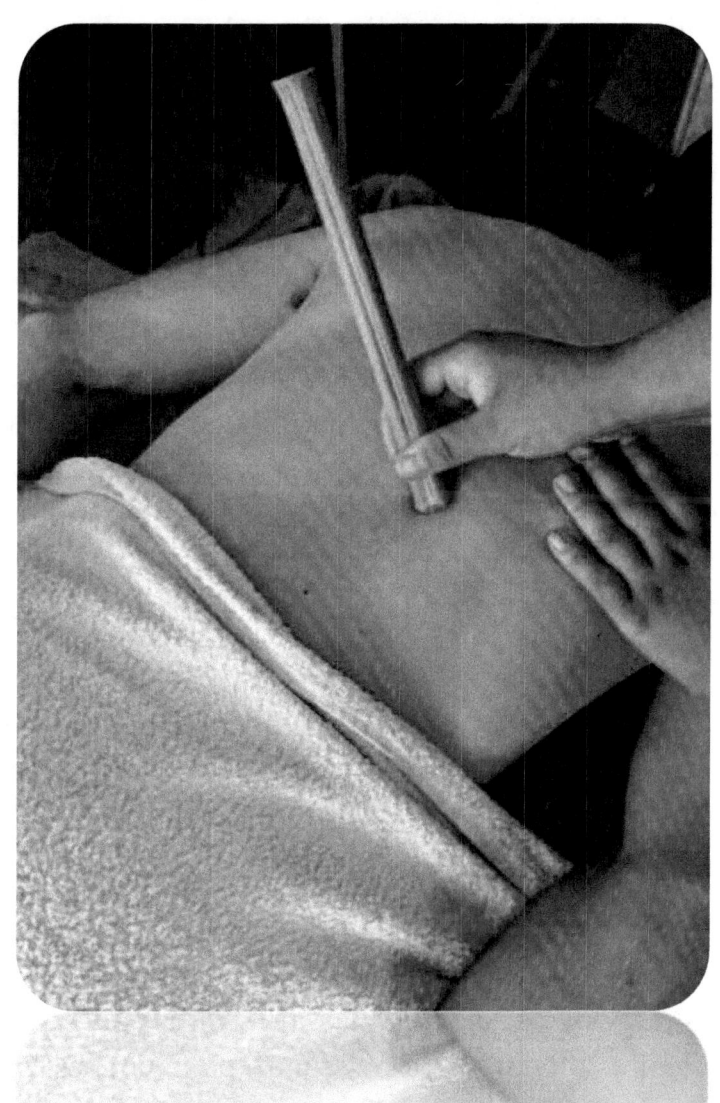

Malgré les diverses références historiques, leurs sources restent inconnues, néanmoins nous pouvons affirmer que les massages sont l'une des premières thérapies naturelles et populaires. Dès l'antiquité les gens appliquaient des plantes en les frictionnant sur la peau et plus les époques passaient plus ce geste anodin devenait un art voué à devenir l'un des compagnons le plus fidèle de l'humanité…

Parfois aimés, parfois interdits, malgré leur parcours mouvementé, les massages ont su traverser les siècles pour arriver à nos jours. Leurs vertus et ce besoin vital de l'être humain de ressentir du contact et des échanges sont les armes secrètes de ces disciplines. Relaxant, réflexologie plantaire, massages énergétiques, Amma, bébé, femme enceinte… seule l'imagination pose des limites. Le terme « massage » est apparu dans le vocabulaire français au 19ème siècle.

Le mot « massage » vient du grec, de l'Hébreu et de l'Arabe et signifie « presser légèrement », « palper », « pétrir ».

Vers 1200 av. J.-C le premier gymnase du monde qui mélangeait l'exercice physique et les massages a vu le jour en Grèce Antique. En Europe, lors du Moyen Âge, les massages furent proscrits et il faudra attendre la renaissance pour connaitre un nouvel essor. En 1900, Sigmund Freud utilisa durant un certain temps des massages des mains pour apaiser ses patients les plus agités. Remplacés par des machines vibrantes, par des appareils chauffants … revenus encore une fois… encore plus forts pendant les années soixante… la grande histoire des massages n'est pas finie et continue son chemin jour après jour.

Prendre le temps de se faire masser équivaut à prendre soin de soi mais également de son entourage. En effet, étant plus détendus et en meilleure forme, nous sommes aussi plus patients et moins susceptibles, nous sommes alors plus favorables et ouverts aux discussions.

Selon le type de massage et le masseur, les bienfaits de cette médecine douce sont très variés. Cependant, il y a des bienfaits que tous les massages ont en commun - la relaxation et la détente profonde, la diminution des tensions, la libération de l'ocytocine (« hormone de la joie ») ... Ils peuvent améliorer le sommeil et accélérer la convalescence, éliminer les toxines, assouplir les muscles et les tendons, revitaliser de manière rapide et très efficace. Les massages drainants relancent le système lymphatique et favorisent l'élimination d'eau. Quant à la réflexologie, elle a le mérite de stimuler des organes internes. Les pierres chaudes redonnent de la chaleur au corps fatigué et stimulent l'échange d'énergie. Le bambou restructure le dessin de la silhouette, les bougies nourrissent la peau et améliorent la circulation veineuse ...

Les massages ont de nombreuses vertus également pour l'enfant. Ils permettent d'améliorer le sommeil et la concentration, de mieux intégrer la nuance de respect de son corps et de celui de l'autre – avant de masser on demande la permission à l'enfant et l'on respecte son choix. C'est un moment d'échange et de complicité, un moment pour renforcer les liens ou simplement pour en créer de nouveaux. Les ateliers de massages et relaxation

pour enfants sont un excellent moyen d'habituer les petits à faire attention à leur bien-être dès le plus jeune âge. Sur le plan psychologique, les massages apaisent les parents et favorisent la prise de confiance en leurs capacités de soulager, apaiser, calmer leurs enfants.

Avec les massages, on se pose, on prend son temps, on n'a pas d'attente et on respecte le rythme de l'enfant sans jugement.

Toute huile végétale est possible pour un massage à la maison. Cependant il sera bien de choisir une huile bio de préférence première pression et extraite à froid. Comme avec les huiles essentielles, ce que vous appliquerez sur votre peau rentrera forcement dans votre organisme. Personnellement je vous déconseille fortement « le bain » de pesticides et autres produis chimiques …

Il suffit de vous mettre face au rayon et de lire les étiquettes pour en trouver. Vous pouvez prendre l'huile de colza ou d'olive, pépins de raisin ou noix… tout comme les massages les huiles proposées sont nombreuses et leurs vertus sont différentes.

Quatre huiles faciles à trouver :

Huile de colza :

Riche en oméga 3, REGULE la tension artérielle, Les oméga-3 sont également anti-inflammatoires.

Huile d'olive :

Adoucit et assouplit la peau, soulage les irritations de la peau et la protège du soleil.

L'huile de noix :

Antioxydante et régénérante. Elle est également Adoucissante et apaisante pour la peau et l'esprit.

Huile de pépins de raisin :

Hydrater sa peau en douceur. Soulage les varices, elle est également Anti-inflammatoire, anti-microbien et anti-allergique.

!!! En massage !!!

Ne jamais appuyer sur un os ! (Omoplate, colonne…) Les mains des deux côtés de la colonne, repoussez doucement les muscles dans le sens montré. Il est important d'arrêter les mouvements avant l'omoplate car nous risquons de pousser les nœuds sous cette dernière et de la même occasion rendre son élimination très difficile.

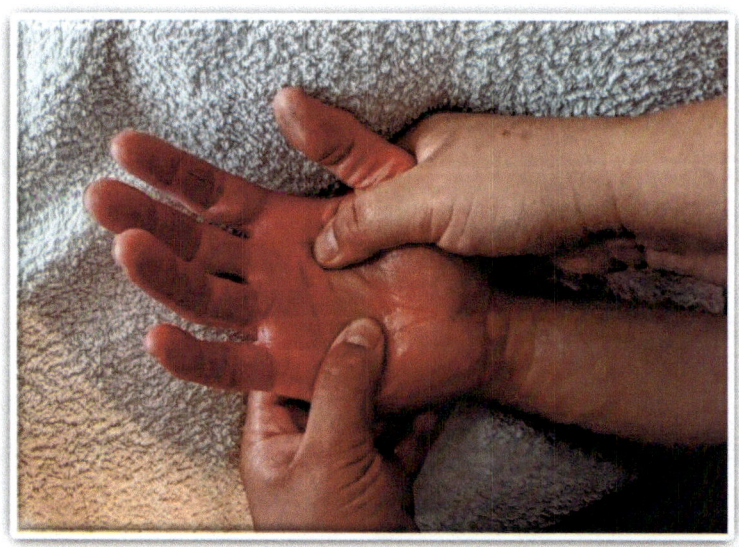

Les massages – un peu de gestuelle

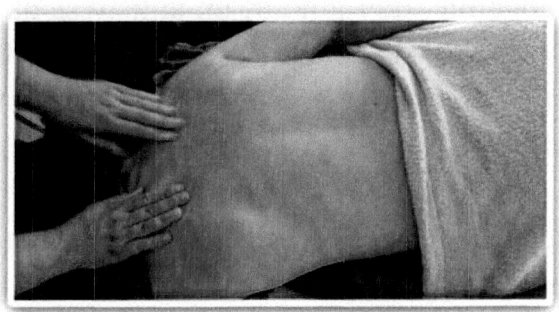

Ocytocine - Hormone de la joie : Octopeptide * synthétisée dans l'hypothalamus.

Fortement secrétée lors de l'accouchement et durant l'allaitement, cette molécule, agit sur le cerveau comme un neuropeptide. Elle apaise la peur et la douleur. Son impact sur notre cerveau a été cliniquement prouvé. Avec le temps, il a été démontré que la molécule agit sur la confiance, l'empathie, la générosité, la sexualité, et la gestion des émotions.

*Peptide – molécule composée de plusieurs acides aminés.

Dès l'instant où vous posez vos mains sur votre conjoint, vous activez la création de l'ocytocine dans son corps. Cette molécule qui porte tellement de noms – Hormone de la joie ou encore de la monogamie, de l'amour, un antistress naturelle … des noms si variés mais allants toutes dans le même sens – C'est l'hormone qui crée un sentiment de bonheur ! Alors imaginez le fait de passer 1h – 1h30 de fabrication de cette hormone si vitale dans notre société qui est de manière permanente en manque de tolérance et d'amour. Alors massez et faites-vous masser ! Même s'il existe quelques petites règles à respecter, il est tout à fait possible de s'improviser masseur pour son âme sœur !

Pour un massage réussi, réchauffez bien la pièce. Gardez en tête que durant le massage votre partenaire va se détendre et le corps relâché est très sensible thermiquement. Utilisez des accessoires pour créer une ambiance douce - des bougies parfumées, de la musique douce… Vous pouvez installer votre conjoint sur un futon ou bien sur le lit (une surface ferme reste préférable pour des massages plus longs). Prenez une huile végétale : Biologique, première pression et extraite à froid. Vous pouvez utiliser également des huiles essentielles (faire un test d'allergie au préalable). Durant le massage, évitez d'appuyer sur les zones osseuses. Pour un massage de relaxation à la maison, il suffit simplement de glisser vos mains, d'appliquer des pressions légères et de caresser le corps de votre bien aimé(e). Faites les gestes lentement et avec beaucoup de douceur. Fixez-vous comme objectif de transmettre votre amour à celui que vous massez. Vous verrez, à la fin de votre massage votre partenaire sera aux anges, calme et détendu comme jamais. Attention, vous et votre partenaire, vous risquez de devenir accro !

Quelques gestes de base

Effleurages :

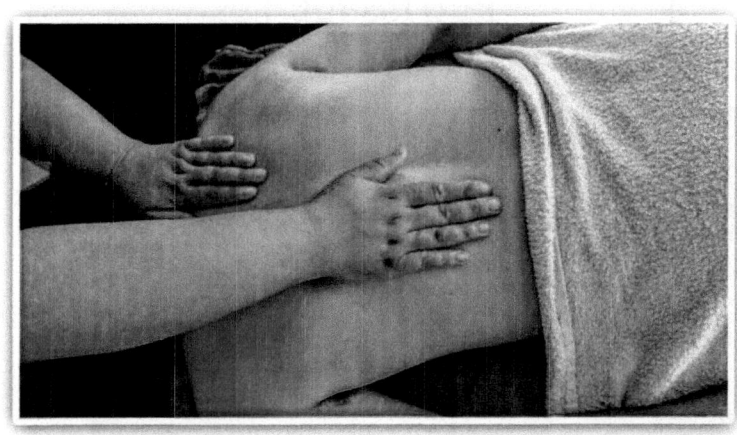

Des mouvements doux et paisibles. Vous allez commencer votre massage avec. Placez vos mains de manière qu'elles restent plates. Glissez-les fermement mais doucement sur le corps de votre partenaire. Veillez à trouver un rythme régulier pour vos mouvements. En enduisant le corps avec de l'huile, vous et votre partenaire vous allez profiter de ces 5 premières minutes pour vous poser et vous apaiser. Enveloppant et apaisant, ce type de mouvement viendra réchauffer les muscles et apaiser le système nerveux. Vous pouvez écarter légèrement les doigts comme pour faire un éventail. Suivez les courbes du corps puis sur le dos/ventre en utilisant les mêmes gestes, dessinez des cercles.

Pétrissage :

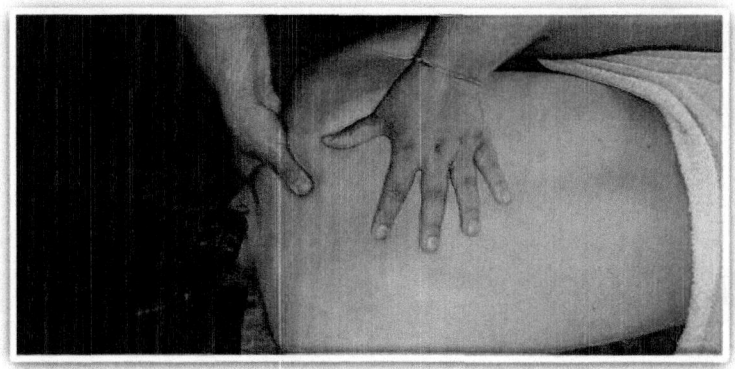

Ce geste viendra lorsque les muscles sont déjà réchauffés. Vous allez malaxer doucement la peau un peu comme si vous écrasiez de la pâte. Faites bien attention d'éviter les « pincements ». Les doigts « bloquent » la peau et le pouce glisse sur la peau pour rejoindre les doigts.

Le bout des doigts :

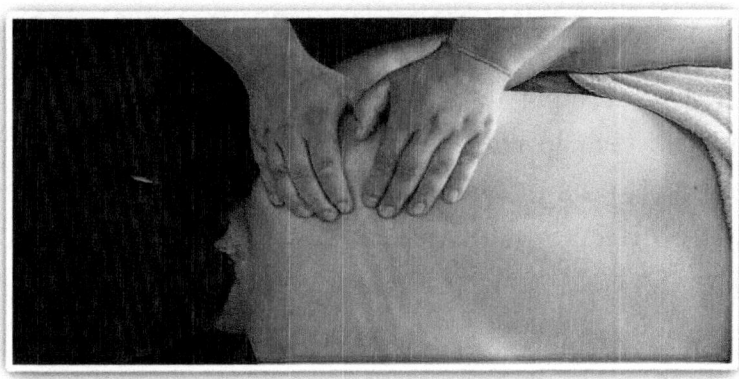

Cette fois, toute la pression sera exercée par le bout de vos doigts. Vous pouvez glisser le long de la colonne vertébrale ou bien dessiner des petits ronds le long de cette dernière. Vous utiliserez ce geste également dans le cou, le visage et sur le cuir chevelu.

A l'aide de ces 3 gestes, vous pouvez déjà effectuer un massage doux est agréable.

Exercices de Massage

Diminuer le stress

Débutez par les poignets. Posez un bras à plat, la paume vers le haut. Appliquez votre synergie sur le poignet, puis dessinez des ronds avec votre index et votre majeur. Faites dix tours dans un sens, puis encore dix dans l'autre. Refaites sur l'autre poignet.

La colonne vertébrale est également l'un des « points » incontournables en ce qui concerne le stress et l'anxiété ! Placez les mains autour de la colonne de la personne que vous souhaitez détendre (environs 1 centimètre de chaque côté de la colonne). Appliquez le mélange en dessinant des ronds avec vos pouces.

Vous pouvez commencer à la base de votre cou et finir dans le bas du dos. Lorsque vous arrivez sur le sacrum, diminuez les pressions, cet endroit est fragile et très sollicité dans la journée, il est donc important de mesurer sa force !

Pour cet exercice, il est fortement recommandé de préparer une huile de massage avec des huiles essentielles. Ceci permettra de trouver un état de détente beaucoup plus profond.

<u>5 gouttes de Camomille Romaine + 5 Gouttes de Marjolaine + 10 Gouttes de Lavande Fine</u>

Diluez dans 5 cuillères à soupe d'huile végétale (Olive, Amande, Pepins de raisin…) Vous pouvez également retirer l'une des huiles, dans ce cas vous devrez simplement ajuster la quantité. Cependant, les effets seront moindres.

*A savoir – **20% d'Huile essentielle pour 80 % d'Huile végétale = 4 - 5 gouttes d'huile** essentielle dans une cuillère à soupe d'huile végétale.*

Cette synergie est proposée pour les adolescents et les adultes. Il est important de toujours tester les nouvelles huiles afin de prévenir des éventuelles allergies.

Le point sensible

Fig1

Il est possible que le massage sur ce point soit un peu désagréable voire légèrement douloureux. Ce sentiment est dû au fait que c'est à cet endroit que ce produit la décongestion lymphatique.

Ce point se situe sur l'un des méridiens qui est le plus relié au système lymphatique. En acupression, on l'appelle Yu Zhong (26RN). Outre la fatigue et les tensions habituelles, on stimule ce point en cas d'asthme, de palpitations, de toux, de nausées ou de manque d'appétit.

Fig2

- Placez vos doigts sur le point indiqué. (Fig1)
- Tournez 10 fois d'un côté puis 10 de l'autre.
- Appuyez doucement 10 fois.
- Répétez la même séquence sur les 3 points (Fig2) indiqués de l'épaule vers le sternum.

Refaire de l'autre côté.

Visage

Prendre l'habitude de masser son visage est un pas vers une jeunesse prolongée et un état de stress diminué ! En effet, masser le visage permet de relancer la circulation, raffermir la peau, éliminer les gonflements et prévenir l'apparition des rides.

Prendre cinq minutes spécialement pour se masser, est un moyen de prendre l'habitude de faire attention à soi.

Dessiner des ronds ou tapoter sont deux des fondements des massages de bien-être. Pour le petit exercice qui suit, prévoyez 5 minutes rien que pour vous.

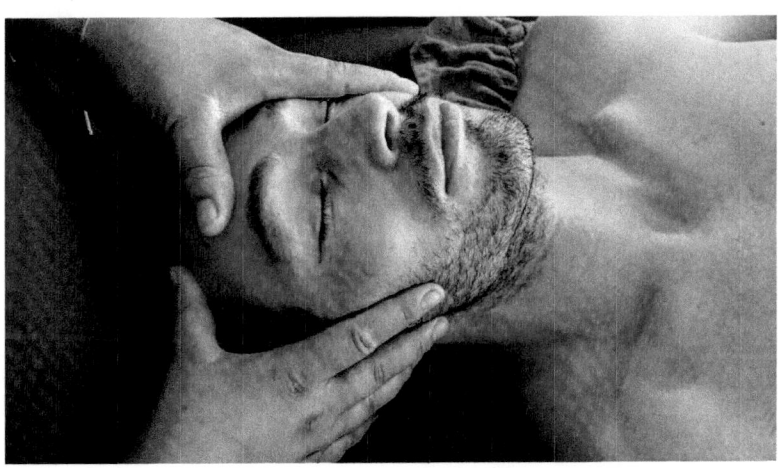

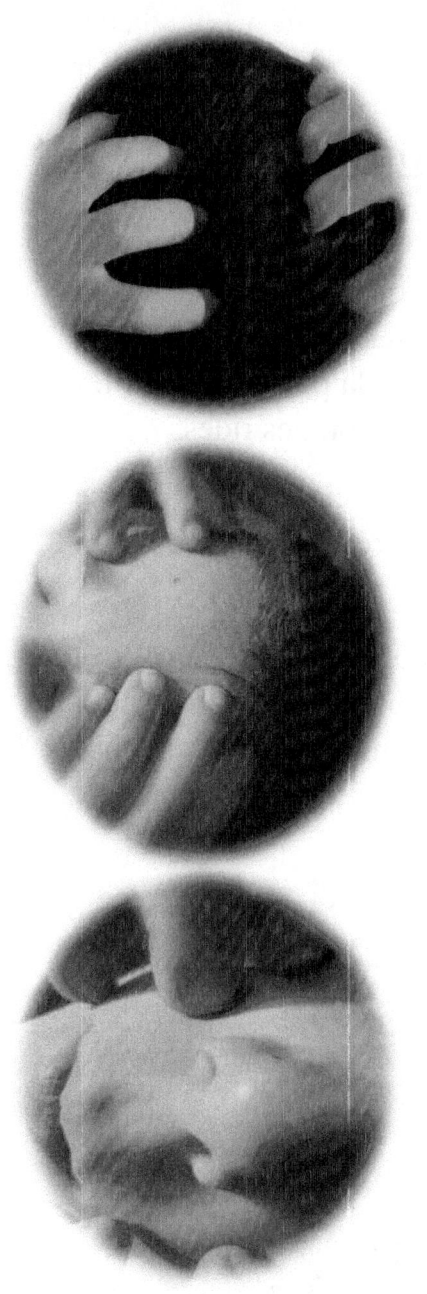

Placez vos doigts sur le sommet du crâne.

Dessinez des ronds doucement comme si vous vouliez appliquer votre shampoing.

Répétez la même séquence sur le front puis sur vos pommettes.

Recommencez la ronde cette fois en tapotant. (Crâne, front, pommettes)

Recommencez plusieurs fois en alternant des ronds et des tapotements.

Relâcher la mâchoire

Lorsqu'on parle de massage, il est très rare de penser à la mâchoire, pourtant cette dernière, subit des crispations plus souvent que nos jambes par exemple, que nos mains ou voir même le dos pour certains. Rappelez-vous le nombre de fois où vous avez serrez les dents pour éviter de répondre à une réflexion, ou bien quand vous faites un effort, quand vous avez peur... bref on nous a toujours dit de « serrer les dents ! ». Ce que l'on oublie souvent c'est que notre mâchoire n'est pas « juste un os », la partie osseuse est accompagnée de muscles et de tendons, à nous de prendre soin d'eux et de leurs donner la détente nécessaire afin que ces derniers puissent continuer de nous servir longtemps.

Pour commencer, ouvrez grand la bouche, le plus grand que vous pouvez. Bougez votre mâchoire d'abord à gauche, puis à droite. Evitez de forcer plus que nécessaire. Une fois cette petite gymnastique exercée, placez vos doigts entre l'os de vos pommettes et la partie inférieure de vos oreilles. Déplacez vos doigts jusqu'à ce que vous sentiez la jointure de la mâchoire inférieure et de celle supérieure.

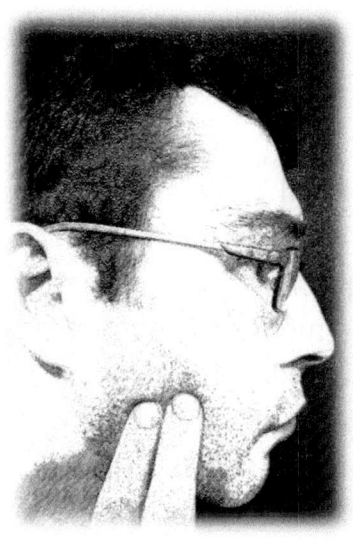

Lorsque vous êtes au bon point, si vous ouvrez et refermez la bouche, vous ressentirez clairement le muscle bouger sous vos mains.

Le point trouvé, appuyez pendant cinq secondes puis relâchez, répétez cinq fois d'affilée. Dessinez d'abord dix ronds dans un sens puis dans l'autre.

Commencez maintenant de tapoter votre mâchoire inférieure avec le bout de vos doigts. Partez de la zone sous les oreilles et approchez doucement vers le menton, tapotez cinq fois au même endroit puis décalez légèrement.

Lorsque vos mains se retrouveront au milieu (menton), repartez dans le sens inverse.

Vos doigts arrivés de nouveau sous les oreilles, suivez maintenant la mâchoire supérieure. Insistez notamment au-dessus de lèvres.

Pour finir, refaites la petite séance de gymnastique que vous avez utilisée au début. Faites-la doucement et évitez les mouvements brusques qui sont rarement appréciés pas vos muscles

Mémoire et concentration

La mémoire a une bien étrange faculté. Nous l'associons souvent à la tête mais elle se cache parfois dans nos gènes, dans nos intestins, dans notre moelle épinière... La mémoire est dans chaque cellule de notre corps ! Les réflexes, les instincts de survie... Nous obéissons beaucoup plus souvent à notre corps que nous le pensons.

Avez-vous remarqué que très souvent les humains tapotent ou massent leur front ou leurs tempes pour se concentrer ? Vous-même, vous le faites probablement parfois pour vous concentrer. Pourtant peu d'entre vous savent que dans la médecine traditionnelle, il existe des points qui stimulent la mémoire et la concentration. Savez-vous ou se trouvent certains de ces points ? Les tempes, le milieu du front, le début des sourcils... cela vous parle ?

Alors oui, lorsque vous avez du mal à vous souvenir, que vous êtes distrait... c'est bien votre subconscient qui contrairement à votre conscient, sait que la marche à suivre est de réactiver certaines zones qui vont libérer des hormones qui elles vont stimuler le cerveau afin que ce dernier remplisse la tâche qui lui est demandée. N'est-il pas merveilleux et complexe ce corps qui nous a été offert !

Pour la suite, je vous invite de repérer ces trois zones :

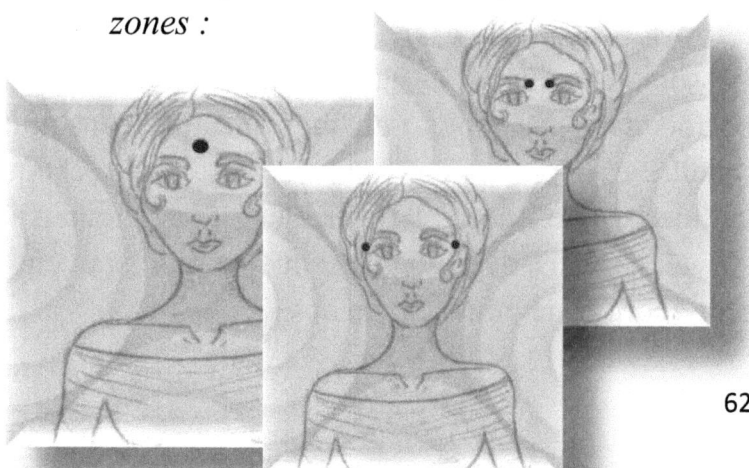

Une fois les points à stimuler repérés, commencez par vos sourcils. Placez vos doigts sur les points indiqués et appuyez légèrement tout en repoussant le point vers le haut. Si l'appuie est correct, vous devriez ressentir le long de votre nez, la peau se déplacer légèrement. Glissez le « tranchant » de votre index, le long de vos sourcils puis arrêtez-vous sur les tempes. Répétez l'exercice dix fois.

Puis tapotez cinq fois les tempes.

Mettez vos mains dans une position de prière puis placez le côté tranchant de vos index au milieu du front. Lissez vers l'extérieur comme indiqué. Effectuez cinq fois le mouvement puis recommencez depuis le début.

 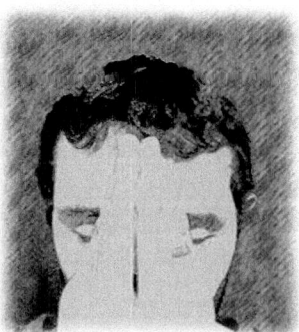 

Effectuez trois rondes complètes.

Le pouvoir extraordinaire de notre inconscient

L'inconscient contrôle l'hémisphère droit du cerveau : un énorme « garde-meubles » ou l'on stocke au fil des années nos souvenirs, croyances, idées, concepts...

Le conscient lui gouverne l'hémisphère gauche, cette partie du cerveau est logique et cartésienne, esclave du rationnel.

Imaginez un petit bonhomme qui tient les manettes dans une salle de commandes. Tel un enfant, il ne fait aucune différence entre l'imaginaire et la réalité. Il n'y a aucune limite pour lui. Ce qu'il croit être vrai est forcément la réalité. Sa seule préoccupation est la survie, tout au long de votre vie, il va élaborer divers stratagèmes pour vous « protéger ». Imaginons qu'une fois dans votre vie, vous avez été terrorisé par un chien, votre inconscient va associer l'image du chien à un danger et pour le restant de votre vie, il vous poussera à prendre vos distances avec les races canines. Il fait son œuvre tellement vite et bien que juste le temps que vous prononciez le mot chien dans votre tête, qu'il recherche le souvenir de ce blocage, augmente l'adrénaline, et déclenche l'alarme… bref comme un gentil petit soldat, en 1 seconde notre subconscient déclenche tout un tas de réactions en chaine dont nous ignorons totalement le fonctionnement et l'existence. Voilà l'inconscient a fait son travail – il vous bloquera de peur à chaque rencontre avec un chien ce qui vous empêchera de vous approcher de trop : félicitation vous êtes « sauvé » !

Autre caractéristique de notre inconscient est le fait qu'il vit au présent, la négation lui est inconnue comme concept. Rappelez-vous le nombre de fois où l'on se fâche sur les enfants :

« Plus je lui dis de NE PAS courir et plus il court ! C'est insupportable ! »

En réalité le conscient de l'enfant a bien étendu l'interdiction mais l'inconscient lui a compris « Cours ! ». Alors il donne l'ordre de courir car il faut garder en tête que notre inconscient a TOUJOURS le dernier mot.

Si je vous dis « ne pensez surtout pas à un café bien chaud. ». La première chose qui vous est venue à l'esprit c'est exactement une tasse de café bien chaud. Un commercial qui a fait des études / recherches en psychologie vous dira

« Je ne vous dis pas de l'acheter tout de suite ! Après, il y a toujours le risque que la semaine prochaine l'article soit épuisé... »

En réalité, il vient simplement de vous dire d'acheter tout de suite car après il sera trop tard... Et qu'en est-il des expériences traumatisantes ? Lorsque ce qu'on vient de vivre est trop dure à supporter, notre inconscient se charge de déformer ou d'occulter les souvenirs aussi profonds que possibles. Nous ne nous souvenons plus mais l'inconscient lui, il a gardé toutes les informations, alors en réponses de certains stimuli, il nous poussera à réagir de telle ou telle manière sans qu'on sache pourquoi.

Par exemple, un enfant qui tout petit a vécu un accident de voiture peut se focaliser sur les vitres qui explosent autour de lui et leur bruit assourdissant. À l'âge adulte, il pourra conduire sans problème mais dès l'instant où il entendra un bruit de bris de glace, il se sentira tétanisé sans même être en mesure d'expliquer pourquoi. L'adulte responsable que cet enfant sera devenu, n'ira probablement jamais chercher la cause dans l'accident de voiture en se disant « Je conduis aujourd'hui, donc j'ai surmonté mes traumatismes ». En réalité, le travail n'aura pas encore commencé… Cette occultation de souvenirs douloureux a pour objectif de nous protéger, cependant le prix à payer est relativement élevé. Afin de continuer, l'inconscient crée des schémas pour nous cacher ce qui fait mal. Cependant les traumatismes anciens finissent par se manifester sous forme de Crises d'angoisse, de tocs, de phobies… Oui il est difficile d'affronter nos « démons » mais certainement moins douloureux que de vivre sous la dictature silencieuse des blessures passées.

Chaque toc, phobie ou dépendance doit faire l'objet d'une thérapie profonde qui vise à trouver le fond du problème. Si nous traitons un symptôme sans trouver la cause, le symptôme sera remplacé par un autre, alors à long terme la thérapie n'aura servi à rien.

Apprendre à identifier les schémas destructeurs, apprendre à nous pardonner de nos erreurs et nos défauts, nous permet de diriger notre énergie vers le changement, l'avancement, l'amélioration ! Lorsque je sais comment une machine fonctionne, je peux la réparer quand elle est en panne ! Le choix de maitriser vos sentiments vous appartient !

Donc si nous savons que notre inconscient ne fait pas de différence entre nos croyances et la réalité, nous pouvons donc maintenant comprendre que ce sont nos pensées qui vont définir le cours des choses. En admettant que je suis persuadée d'être belle, je vais sourire, je vais prendre soins de moi, je vais simplement être radieuse ! Mon poids ne sera pas un obstacle, ma taille ne posera pas de problèmes... La plupart des gens diront de moi « Elle a tel ou tel défaut, mais ça lui va tellement bien ! » « C'est une belle femme ! » Avez-vous remarqué combien de femmes n'ont pas de traits particulièrement jolis mais qu'on trouve belles pour un petit « je ne sais quoi » ? Avez-vous également remarqué à l'inverse qu'il existe des femmes au traits symétriques et bien proportionnels mais qui sont peu attirantes à cause « d'un petit je ne sais quoi » ! Si vous demandez à ces femmes comment elles se trouvent, elles vous diront : « Je ne suis pas belle ! J'ai les cheveux trop fin » ou « Je ne pourrai jamais être belle, j'ai des rondeurs / la peau grasse / la voix stridente… » Bref elles se trouvent toujours « des défauts » et se focalisent dessus, ainsi elles nous poussent à nous y focaliser nous aussi !

Je veux être aimé ? Alors, JE M'AIME ! Finalement, mon corps, mon caractère, ma vie m'appartient ! La personne la plus importante à qui je dois plaire, c'est moi ! Cela vous est difficile ? Mettez-vous face à un miroir et regardez votre visage, trouvez ce que vous AIMEZ dedans et ignorez complètement ce que vous appréciez moins. Cela peut être une fossette, la couleur de vos yeux, un petit grain de beauté… Plus vous cherchez et plus vous en trouverez ! Maintenant dites-vous que vous vous aimez ! Dites-le tous les jours et vous finirez par vous aimez tel que vous êtes ! Ça y est, vous avez les clefs pour être heureux/se alors utilisez les !

La Mémoire et les apprentissages

Selon moi, nous pouvons dire, que c'est notre mémoire qui est en grande partie responsable de qui nous sommes !

Des traits de caractère qui sont formés / atténués / éliminés selon ce que nous avons vécu...

Dans une interview, Boris Cyrulnik raconte que durant une période il a dû renier son patrimoine juif. Durant des années, il est devenu Jean Le Borgne... et comment cela aurait pu être différent avec le souvenir marquant de cette phrase brulante « S'il vous plait ! Si vous le laisser en vie on ne lui dira jamais qu'il est juif ! » Alors oui quand cette phrase raisonne dans notre tête d'enfant on apprend vite que d'être juif est « mauvais pour la santé » ... Je ne pense pas me tromper en disant que durant de longues années, les choix du jeune Boris Cyrulnik ont été influencés par des souvenirs dans ce genre...

La mémoire est évolutive et adapte ses priorités selon l'âge, l'environnement et l'entourage. Selon notre vécu et nos sentiments, les situations seront interprétées différemment. Ceci explique pourquoi deux enfants de la même fratrie peuvent décrire les parents de manière très différente. Malgré tous les efforts de traiter ses enfants de la même manière, les parents ne seront jamais « pareils » dans les yeux de ses enfants. Là où un enfant a pu se sentir rejeté (rejet réel ou non) un autre dans la fratrie peut s'épanouir et se sentir très aimé. A l'âge adulte, le premier décrira ses parents comme froids et peu sentimentaux, le second lui affirmera avec certitude que leurs parents étaient tendres et aimants. Chaque enfant aura raison pour lui, chaque enfant sera honnête…et chaque enfant accusera l'autre d'exagérer…

Voilà comment deux « réalités » peuvent être à l'opposé et pourtant aussi réelles l'une que l'autre !

Notre mémoire est-elle honnête avec nous ? Nous donne-t-elle un souvenir réel ?

Machinalement nous répondrons « Oui » sans hésiter ! Combien de fois avons-nous juré que les choses se sont passées ainsi en affirmant :

« J'étais là quand même ! Je sais bien ce que j'ai vu/entendu/vécu… »

Cependant, il est bon de savoir qu'avec le temps notre mémoire « ajuste » nos souvenirs de manière à les rendre « plus facile à vivre ». Parfois, il existe également, des variables dont nous avons oublié de tenir compte…Par exemple un enfant qui revint dans une maison qui lui semblait très grande à l'époque, peut lui paraitre beaucoup plus petite lorsqu'il est devenu adulte. Dans le temps il était petit, il voyait les distances de manière différente d'un adulte, l'espace n'avait pas la même distorsion…

Parfois nous irons jusqu'à occulter, voire créer des souvenirs. Je repense notamment à une personne qui a été poignardée par son père dans sa plus jeune enfance. A l'âge adulte, elle n'avait bien sûr aucun souvenir de cela, la seule chose qu'elle pouvait raconter c'était ce que sa mère et son frère lui avait dit. Pourtant elle faisait des cauchemars parfois, des cauchemars ou le monstre sort du placard pour l'agresser… À la suite d'une thérapie, elle a pu constater que ceci ne fut nullement un banal cauchemar comme beaucoup d'enfant en font… A l'époque de l'agression, son père était rentré violemment par la porte à côté de la quelle une armoire était installée… Dans son esprit d'enfant, elle avait simplement remplacé son papa par un monstre, puis sa mémoire avait associé le placard imposant avec la scène et voilà ! Un nouveau souvenir tout frais qui a remplacé cette horrible vérité que cette personne a dû vivre…

Une autre faculté de notre mémoire est de trier, de classer, de rejeter…

Environ 70% de ceux que vous venez de lire sera oublié. Si vous voulez en réalité vous rappeler à peu près la moitié, il vous faudra relire ce livre, puis si vous voulez aller jusque 70%, 80% il vous faudra relire encore une ou deux fois supplémentaires…

Bref dans les 30 % que vous allez garder, vous y trouverez les informations qui vous ont choqué et/ou touché personnellement, les informations qui vous ont fait ressentir quelque chose !

Alors, la prochaine fois, quand vous affirmerez vous souvenir de quelque chose et pourtant qu'on vous affirmera que c'est faux, avant de se fâcher, allez vérifier. Vous avez une chance sur deux d'avoir raison. Seuls les faits et les preuves matérielles peuvent témoigner avec une certaine certitude.

Si vous affirmez que la robe de votre 6ème anniversaire était bleue et que l'on vous montre des photos où on la voit en vert ? Diriez-vous que la photo a été délavée ou iriez-vous chercher d'autres photos pour vérifier ?

En Conclusion :

Nos souvenirs sont toujours accompagnés d'un sentiment, une sensation. Lorsque nous demandons à notre cerveau de nous envoyer le souvenir demandé, il le fournit avec ses « bagages ».

C'est pour cette même raison que nous bloquons de peur à la vue d'un chien par exemple ou bien que nous perdons nos moyens face à une personne envers qui nous avons des craintes…

Nos souvenirs dépendent des sentiments et des émotions ressentis durant le moment ou la scène a été vécue !

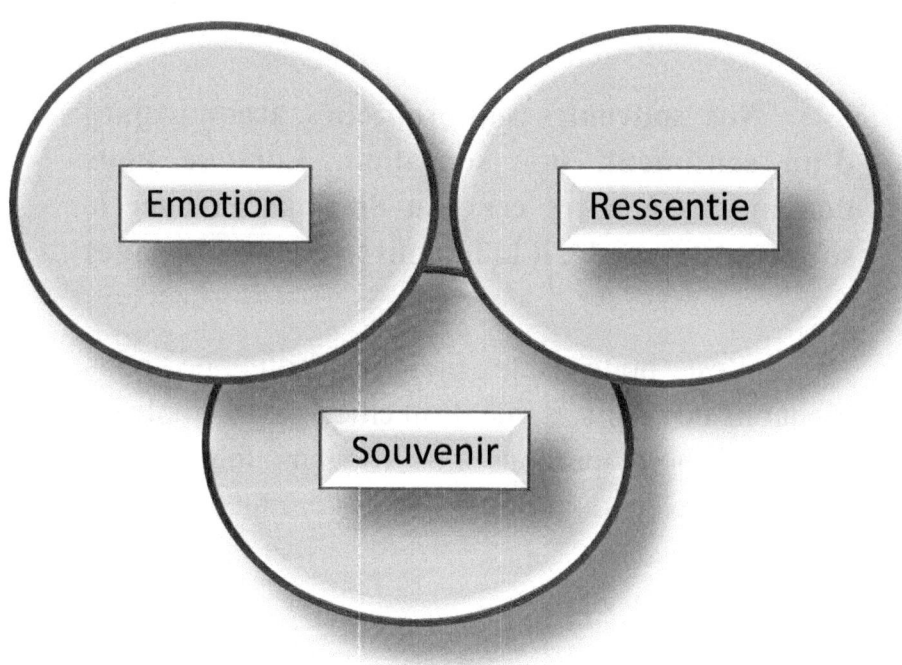

Les faux souvenirs

Comme je l'avais souligné plus haut, le subconscient ne fait aucune différence entre une image réelle et une image créée de toute pièce. Rappelez-vous, combien de fois dans des séries policières, des films, des faits divers, nous avons vu des témoins qui affirment avoir vu telle ou telle personne sur le lieu du crime. Puis l'enquête avance et les témoins s'avèrent être complètement à côté de la plaque…

Si je cherche désespérément à me souvenir de quelque chose ou de quelqu'un, je risque fortement de pousser mon inconscient à combler les trous, de rajouter des détails (vrais ou faux), je pourrais même ressentir des odeurs pour peu que mon cerveau a placé telle ou telle objet dans mon souvenir.

Par exemple, en admettant que dans votre petite enfance, vous côtoyez une personne qui utilisait un parfum de lilas. Si vous perdez contact avec cette personne, des années plus tard vous pourrez jurer que dans la maison, il y avait des bouquets de lilas, vous pourriez les voir, allez jusqu'à inventer involontairement des anecdotes avec ces mêmes bouquets qui n'ont jamais existés en réalité... Ils sont là uniquement car votre inconscient cherche comment expliquer cette odeur de lilas, ayant perdu contact avec la personne avant que vous notiez bien l'existence du parfum l'explication première est bien évidement des fleurs...

Alors oui, si je m'assois à coté de vous, que je vous entraine avec une voix douce dans un état d'assouplissement, et que je vous décris que vous avez vécu telle ou telle chose, votre cerveau classera mes histoires dans vos souvenirs et vos prochaines actions seront dictées par ces nouveaux souvenirs !

La mémoire traumatique

Anna Freud a déclaré qu'il faut séparer le trauma – le coup... et le traumatisme – la représentation du coup.

La mémoire traumatique est celle qui nourrit un souvenir douloureux, le souvenir est souvent plus douloureux que le trauma lui-même. Contrairement à la mémoire « seine » qui évolue avec le temps et qui permet de « changer » nos souvenirs, la mémoire traumatique nous tient prisonniers dans le passé. Nous sommes bloqués dans la douleur et nous n'avançons plus. Nous revivons sans cesse le trauma, encore et encore et chaque nouvelle fois apporte davantage de douleur.

La mémoire traumatique peut nous tenir prisonniers du passé, avec sa capacité de faire des rapprochements dans le présent avec le passé. Si je prends en exemple, un conflit que je n'ai pas pu régler, souvent je retrouverai dans les phrases de mon entourage des « piques » en rapport avec ce conflit. Lorsque ceci se produira, je répondrai bien entendu avec toute la colère et frustration accumulée depuis le temps ! Evidemment, je ne me laisserai pas écraser une deuxième fois ! Or très souvent, ces

« attaques » n'existent que dans notre esprit…la personne en face ne comprend pas du tout notre réaction et sans le vouloir nous avons déclenché tout seul un conflit dévastateur.

La mémoire traumatique est très particulière, très puissante elle nous focalise sur le « danger » - l'agresseur, la voiture qui fonce sur nous, les flammes qui bloquent la porte… Bref, dans un moment de fascination nous allons observer le moindre détail du « danger », ceci dans le but de trouver « un échappatoire ». Imaginez un moment un enfant maltraité, lorsque l'adulte se tait, ce même enfant va se figer et observer le langage verbal du corps de son parent. Chaque micro-expression sera observée et analysée, ainsi l'enfant sait s'il sera « corrigé » ou non. A côté, un enfant qui ne possède pas de mémoire traumatique, continuera ses agissements sans prêter guerre attention au silence que le parent vient d'avoir.

La mémoire traumatique est censée nous protéger, cependant nous pouvons devenir, très vite dépendants de cette dernière. Il est très important, de savoir demander de l'aide lorsque nous prenons conscience de laisser le passer diriger le présent !

D'une manière générale, le cerveau a tendance à graver les souvenirs douloureux plus profondément. Ceci a pour but de nous protéger à l'avenir, d'éviter que la même situation se reproduise. Notre subconscient tient toute une bibliothèque de nos mésaventures et s'en sert pour guider nos agissements dans le présent. En soi cette aptitude n'a rien de mal si nous savons qu'elle existe et que nous sommes capables de dire stop. Si nous pouvons raisonner, notre petit « bibliothécaire », nous sommes alors capables d'avancer sereinement sans rester prisonnier de notre passé. Si en revanche, nous commençons à nous interdire de vivre – de sociabiliser, sortir, avancer…, il est donc temps de remettre en question notre manière de gérer les blessures du passé. Très souvent les gens pensent que c'est une faiblesse d'aller voir un psy ou un thérapeute. Moi je pense qu'il est beaucoup plus facile de rester bloquer dans ses habitudes. Je pense également, qu'il faut beaucoup vraiment beaucoup de force pour admettre que nous avons besoin d'aide. Être capable de montrer sa faiblesse et l'assumer demande tellement de courage que peu de personnes en sont capables !

Et toi cher lecteur ? Es-tu capable d'admettre tes faiblesses ? As-tu le courage de te montrer vulnérable ? Sais-tu te remettre en question ? Acceptes-tu d'admettre tes torts ?

Les différentes étapes d'apprentissages :

6) Après toutes ces étapes nous pouvons prétendre avoir appris. Nous pouvons décider d'adhérer ou non.

5) Après avoir pratiqué un certain temps, une « réelle » compréhension s'installe.

4) La mise en place d'une habitude survienne.

3) Nous commençons à appliquer le nouveau savoir.

2) Nous mémorisons / nous sommes capables de nous souvenir de cette dernière.

1) En premier lieu nous prenons connaissance d'une information.

Une habitude s'installe en 21 jours, un apprentissage, prend du temps. Il mûrit et s'enracine d'avantage jour après jour. L'apprentissage est comparable à un arbre : Au début c'est une graine fragile et petite. Ensuite elle devient une pousse délicate qui peut être facilement écrasée et étouffée et plus le temps passe, plus nous prenons soin et lui donnons de quoi se nourrir, plus notre arbre grandi, s'enracine et fini par donner des fruits. Aller trop vite, sauter des étapes revient à recevoir des fruits maigres et insipides, voire rien du tout.

Le Saviez-vous ? :

- *Effectuer des gestes pendant que nous mémorisons une liste, permet de retenir 20 % de plus d'informations !*
- *Seulement 3% des individus peuvent retenir lors de la première écoute une suite de neuf chiffres. Généralement on ne retient que 7 chiffres.*
- *Les manipulateurs utilisent justement la faculté de la mémoire à créer des faux souvenirs pour influencer une personne et ses futurs choix.*

- *L'oubli de certains passages de notre vie est essentiel pour notre santé mentale. Un trop plein d'informations sera la cause d'hésitations permanentes, de ruminations, fatigues mentales…*
- *La mémoire écarte non seulement les souvenir jugés « trop douloureux » mais également ceux qui sont considérés comme « impertinents ».*
- *Le cerveau humain aurait une capacité de 2 giga-octets.*

Les faux super pouvoirs

1 : Je peux rendre les autres heureux, donc je dois me plier en quatre pour y parvenir !

2 : Les autres peuvent me rendre heureux, donc mon bonheur dépend des actions des autres !

3 : Je peux rendre les autres malheureux, donc s'ils vont mal, c'est de ma responsabilité !

4 : Les autres peuvent me rendre malheureux, donc si je ne suis pas bien c'est évidemment la faute de quelqu'un d'autre !

Il était une fois, il y a très longtemps, des individus qui ont eu la mauvaise idée de se mettre en tête que nous, les humains nous avons des supers pouvoirs : Je peux rendre mon entourage heureux ! Je peux également les rendre malheureux ! De même ce sont les autres qui me rendent heureux ou malheureux ! Cela paraît tellement naturel et simple, qu'en lisant vous souriez probablement, je suppose que vous êtes déjà en train de chercher des preuves « indéniables » pour appuyer ces mythes vieux comme la nuit des temps. Je vous propose de vous prouver le contraire afin que vous puissiez enfin **décider** d'être heureux !

Ce qui nous a poussés sur cette mauvaise pente est l'idée biaisée que nous avons fini par développer en ce qui concerne la responsabilité. Il me semble donc naturel de revoir l'image et la définition que nous pouvons avoir sur la responsabilité.

Selon « Larousse » la définition est la suivante : « Obligation ou nécessité morale de répondre, de se porter garant de **SES** actions ou de celles **DES AUTRES** » tout cela semble clair, mais comment puis – je répondre pour les actes des autres ? Suis-je dans la tête de mon entourage ? Ai-je le pouvoir et le droit de décider à leur place ? Ne sont-elles pas punissables par la loi, les actions visant à forcer un tiers à l'exécution d'une tache ? Enfant, nous sommes en effet sous la responsabilité de nos parents. C'est bien à eux de faire en sorte qu'à l'âge adulte, nous avons un libre arbitre qui n'ira pas à l'encontre des normes et des lois sociales selon lesquelles nous avons accepté de vivre. Je dis bien accepter car aujourd'hui, dans notre siècle des transports et communications qui sont à la portée de tous, nous avons le choix de rester vivre à tel ou tel endroit. Je ne dis pas que c'est facile de partir et tout recommencer dans l'inconnu, je dis simplement que nous avons fait le choix de rester ou non et en faisant ce choix nous avons accepté ou non, les limites et la ligne de conduite de l'endroit que nous avons choisi. Et c'est là justement le réel sens de la responsabilité. J'ai décidé de rester ou non, j'ai décidé d'accepter ou non telle ou telle situation et ce qui en découle est bien de **Ma** propre décision.

Selon le Centre National des Ressources Textuelles et Lexicales, la définition de la responsabilité est la suivante :

« Obligation faite à une personne de répondre de **ses actes** du fait du rôle, des charges qu'elle doit assumer et d'en supporter toutes les conséquences. » Alors si je suis responsable de **MES** actes, cela voudrait dire que mon entourage est tout aussi responsable des siens. Combien de fois nous avons entendu le fameux « mais ce n'est pas ma faute, un tel m'a forcé de faire / dire telle ou telle chose !» Oui, le « tel » en question a pu forcer, faire chanter, menacer… mais finalement l'activité finale revient à la personne qui a **Décidé** d'agir. L'un va devoir répondre pour les menaces / le chantage… l'autre va répondre pour l'acte commis… alors oui, difficile ou non le choix nous appartient, rien qu'à nous ! Nous prenons les décisions en toute âme et conscience. Ainsi notre vie suit le cours d'une rivière dont nous avons creusé le lit depuis de longues années.

Il est vrai que distinguer la responsabilité des uns et des autres est très compliqué et rarement juste. Il est également vrai qu'il est très difficile, de ne pas se perdre dans toutes ses notions - « responsabilité civile », « responsabilité morale », « responsabilité pénale » ... Alors il est tout à fait logique qu'à travers les âges, nous nous sommes embrouillés, nous nous sommes perdus et nous avons tous essayé tant bien que mal de combler les vides. Or, l'être humain à la fâcheuse tendance de s'auto-punir pour tout un tas de fautes réelles ou imaginaires... alors endosser la responsabilité de la joie et des malheurs de nos proches paraît tellement normal... Accepter que le bonheur de nos proches ne dépende pas de nous, c'est également nous avouer impuissants, nous relayer au deuxième rang, là où nous n'avons plus le pouvoir de « protéger » ceux que nous aimons... En lisant cette dernière phrase, certains d'entre vous ont dû sentir une boule se former dans leur gorge, certains viennent de prendre conscience qu'ils sont tellement terrifiés à l'idée de ne pas pouvoir protéger leurs proches, qu'inconsciemment ils ont imposé une dictature silencieuse « dans l'intérêt de l'autre ». Si tel est votre cas, félicitation, vous venez de faire le premier pas vers la libération et l'indépendance de ceux que vous avez voulu protéger. Vous venez de faire également un premier pas vers **Votre** libération et indépendance ! Et oui combien de temps passons nous à penser à la place de nos proches ? Combien de temps passons nous à résoudre des problèmes pour lesquels nous n'avons jamais été sollicités ?

1) Je peux rendre les autres heureux, donc je dois me plier en quatre pour y parvenir !

Alors si les autres sont responsables de leurs propres choix et de leurs décisions, puis – je les forcer de faire ce qui me semble bon pour eux ? Une personne, sera-t-elle heureuse si les décisions ont été faites par un autre ? Serai-je heureux-moi si l'on décidait à ma place ? Alors, le bonheur de mes proches est-il à ma charge ?

2) Les autres peuvent me rendre heureux, donc mon bonheur dépend des actions des autres.

Si c'est moi qui décide de comment vivre les aléas de la vie, si c'est bien moi qui ai le pouvoir de refuser de voir une personne par exemple qui me fait mal, de choisir l'entreprise dans laquelle je vais évoluer, de décider de suivre une thérapie ou non lorsqu'il y en a besoin, de nourrir ma colère ou bien de trouver des solutions pour l'apaiser… est ce que les autres ont vraiment le pouvoir tout puissant de me rendre heureux/malheureux ?

3) Je peux rendre les autres malheureux, donc s'ils vont mal c'est de ma responsabilité !

Donc, si moi j'accepte les choix des autres, même si ces derniers me contrarient, ne serait-il pas logique que mon entourage accepte mes choix sans pour autant finir en dépression car je ne suis pas la voie dont ils ont voulu ? Si mon comportement est « inacceptable » à leurs yeux, sont-ils obligés de rester avec moi ? Est-ce que mon entourage peut assumer les responsabilités qui lui sont dues selon leurs âges et leurs positions ? Est-ce que mon entourage peut accepter que je ne sois pas bien par exemple et me laisser le temps de me relever sans pour autant prendre au premier degré chaque phrase et chaque mot ? Mes proches ont ils le choix de trouver des solutions pour gérer la déception ou la colère que j'ai pu provoquer ? Alors mon état, ma vie, mes choix ont-ils autant de pouvoir que je pourrais m'imaginer ?

4) Les autres peuvent me rendre malheureux, donc si je ne suis pas bien c'est évidemment la faute de quelqu'un d'autre !

Je pense que si vous avez lu les 3 pages précédentes, arrivé ici, vous devinez déjà les mots qui vont suivre : Je peux m'en aller, je peux braver ma peur et chercher quelque chose de mieux si je suis malheureux, je peux dire haut et fort que tel ou tel comportement ne me convient pas/plus ! J'existe, je décide et je dirige ma vie selon mes choix ! Alors si je ne suis pas bien il est de mon devoir **à moi**, d'identifier ce qui ne va pas et d'y remédier à comment gérer la situation. Si je décide de laisser les choses telles quelles, **C'est Moi** qui l'ai décidé, peu importe les raisons qui ont conduit à ce choix, il est le mien !

Relisez maintenant les quatre points du début. Vous paraissent-t-ils toujours aussi évidents et logiques ?

Un peu de relaxation
Exercice de relaxation

La respiration

Installez-vous, assis ou allongé. L'important est que vous soyez bien installé. Prenez quelques minutes pour noter tous les bruits autour de vous, les identifier, les accepter. Inspirez et expirez profondément. Aujourd'hui, je vous demanderai de porter toute votre attention à votre respiration. Inspirez profondément par le nez et prenez le temps de noter les sensations que cela procure, une fraicheur au niveau de vos narines ? Ressentez-vous l'air monter à travers votre nez ? Votre abdomen se gonfle-t-il ? Expirez maintenant et notez de nouveau les sensations éprouvées. Répétez cinq fois, vous verrez, plus vous prêtez attention à vos sensations, plus vous en découvrirez et en ressentirez des nouvelles.

Maintenant, inspirez profondément puis retenez votre respiration pendant 5 secondes, expirez profondément et recommencez. Refaites cinq fois. Avez-vous remarqué que les sensations ne sont plus les mêmes ?

Les bruits

S'allonger ou s'assoir confortablement, fermez les yeux. Inspirez profondément par votre nez, retenez votre inspiration un instant avant d'expirer doucement. Réalisez quelques respirations en veillant de bien suivre le rythme « Inspirer, retenir, expirer ». Durant la respiration vous pouvez diriger votre attention sur le rythme « Inspirer, retenir, expirer » ou bien vous pouvez noter la fraicheur qui s'installe au bout de vos narines lorsque vous inspirez. Prenez un moment pour ressentir l'air lorsqu'il s'échappe de votre bouche.

Maintenant que vous avez apaisé votre respiration, dirigez votre attention vers les bruits qui vous entourent. Notez-les, savourez-les, acceptez-les. Qu'ils soient forts ou doux, qu'ils inspirent la zenitude ou au contraire – l'agitation, nous pouvons les apprécier quand même. Visualiser les objets qui créent ces bruits. Imaginez l'horloge qui tourne, sa forme, sa couleur, sa taille... vous entendez des voitures ? Imaginez à quoi elles ressemblent. Couleurs, tailles, formes... Le voisin tond sa pelouse. Avez-vous imaginé l'herbe qui disparaît sous la machine ? Rappelez-vous de l'odeur de l'herbe fraichement coupée... avez-vous remarqué que les bruits ne vous agacent plus... Et le silence ? Il arrive parfois que nous soyons enveloppés par un silence profond, encore mieux, laissez votre attention se diriger vers votre propre corps et vous verrez qu'au fur et à mesure vous allez ressentir votre propre cœur, prenez un petit instant pour observer son rythme... Savourez ce moment privilégié que vous venez de vous accorder.

Mon Jardin des sentiments

Fermez les yeux, et imaginez un petit jardin. Un bout de terre qui vous ressemble et qui vous convient. Gardez bien à l'esprit que ce jardin vous appartient et que vous pouvez le modifier à tout moment. Inspirez profondément, expirez doucement.

A partir de maintenant, ce petit jardin représentera votre cœur. Vous pouvez y planter ce que vous voulez, vous pouvez retirer ce que vous voulez ! Si vous êtes d'accord nous allons planter ensemble pour la première fois, par la suite je vous invite à vous y rendre régulièrement afin de continuer le travail.

Choisissez un arbre que vous aimez particulièrement, cet arbre représentera l'amour, car c'est uniquement en aimant que nous allons parvenir à tourner le dos à ce qui nous fait souffrir. Aimer, nous permet de pardonner, d'aider. S'aimer nous permet de dire stop lorsqu'on nous blesse... Maintenant choisissez où dans votre jardin vous allez le planter. Exactement comme dans un jardin, creusez un trou pour les racines, placez le dedans et recouvrez. Arrosez, et asseyez-vous à coté de cette première plantation. Inspirez profondément, expirez doucement. Savez-vous, que plus vous aimez le monde autour de vous et plus votre arbre deviendra grand et fort ? Savez-vous que si vous l'entretenez jour après jour, il finira par grandir beaucoup et remplir votre cœur avec de l'amour et de bons sentiments ? Regardez-le, imaginez-vous posez la main sur lui, donnez-lui de l'amour et il vous le rendra multiplié par dix ! Quand vous avez besoin de vous sentir aimé, ou d'aimer, fermez les yeux et transportez-vous dans votre jardin. Serrez fort votre arbre et confiez-lui ce qui vous chagrine. Revenez régulièrement et plantez souvent divers sentiments sous forme de plantes. Plantez de la joie, de la paix, de l'espoir, de la tendresse, de la patience, de la persévérance... Plus il y aura des plantes et plus votre vie sera remplie de beauté ! Pensez également à les entretenir, les arroser, et rappelez-vous que vous les avez plantés !

Imaginez aussi les sentiments néfastes (colère, rancœurs...), imaginez-les comme des mauvaises herbes et enlevez-les ! Déracinez-les à chaque fois qu'ils s'installent ! Rappelez-vous – dans un jardin les mauvaises herbes finissent par étouffer les plantations que nous avons semées ! Alors si dans nos jardins, nos pots de fleurs, nos parterres, nous ne laissons pas nos plantes mourir, pourquoi laisserions-nous nos cœurs s'éteindre ? Allez regarder autour de vous, observez votre jardin, si vous voyez une plante qui n'as pas de place dans votre cœur, arrachez-la !

Ceux qui le souhaitent peuvent aller encore plus loin et construire dans leur jardin un bac à composte pour transformer les mauvaises herbes, vous pouvez créer autant de choses que vous le souhaitez dans votre jardin puisque c'est votre cœur ! C'est vous qui décidez !!!

Et si le soir au moment du coucher, vous preniez cinq petites minutes pour aller dans votre jardin et voir ce qui a été planté durant la journée ? Et si vous décidiez d'être plus heureux et plus serein ?

Bon jardinage !

Créer un vrai jardin aromatique

Que nous vivions en appartement ou bien dans une maison, nous avons toujours la possibilité d'installer un petit coin de verdure au bord de la fenêtre. Les fleurs nous accompagnent si bien depuis des millénaires, qu'aujourd'hui, il n'est guère surprenant de voir des pots de fleurs sur les rebords de fenêtres. Personne n'est surpris également de nous voir « plonger » le visage dans les feuilles de ces dernières et de savourer leurs douces odeurs. Avez-vous pensé à remplacer les fleurs par du basilic, de la menthe... Vos yeux se régaleront de leurs douces verdures, vos papilles trouveront de nouvelles saveurs dans vos plats, de plus votre sens olfactif sera ravi de cette nouveauté.

Vous pouvez prendre un bac de la taille qui vous convient, des graines de menthe et de basilic et/ou des plantes déjà en pots. Faites un coin « menthe » et un autre « Basilic ». Vous pouvez décorer avec des pierres, des coquillages, des pommes de pin… Installez votre jardin au bord de la fenêtre et prenez l'habitude de rajouter quelques feuilles fraîchement cueillies dans vos repas. Lors de la cuisson, rajoutez vos plantes le plus tard possible afin de préserver au mieux leurs saveurs.

Prenez l'habitude de vous arrêter devant votre jardin et d'inspirer profondément ses odeurs. La menthe a le pouvoir de « réveiller » votre esprit, vous ressentirez de manière quasiment instantanée le relâchement de vos muscles. Avec le temps, si vous prenez l'habitude d'observer les réactions de votre corps, vous verrez que dès l'instant ou l'odeur de la menthe arrive à votre nez, vos épaules se relâcheront, vous ressentirez votre corps et votre esprit se détendre. Et tout cela grâce à une petite plante qui malheureusement passe souvent inaperçue !

Apaiser sa colère

Malheureusement très souvent, nous répondons sous le coup de la colère, nous disons des choses regrettables que nous aurions aimé ne jamais prononcer. Il est cependant trop tard généralement pour ravaler ses mots. Un vieux proverbe Bulgare dit : « un mot prononcé est comme une pierre jetée.»

Il existe un exercice très simple pour s'apaiser, pour calmer une crise naissante par exemple ou bien pour se donner le temps de prendre du recul avant de répondre.

Choisissez une couleur que vous aimez, gardez la bien en mémoire car cela sera votre couleur fétiche. Lorsque vous sentez les émotions déborder, regardez autour de vous et notez 5 choses qui sont de la couleur choisie. Comptez à l'envers : Par exemple : 5 un bouton vert, 4 une fleur verte, 3 un chapeau vert, 2 une chaussure verte, 1 une feuille verte.

Ça y est ! Le temps que vous cherchiez, vous avez repris le contrôle sur vos sentiments.

La Bulle de savon

Installez-vous confortablement, assis ou allongé, peu importe, du moment que vous êtes bien installé. Inspirez profondément par le nez, puis expirez doucement par la bouche. Inspirez, expirez et une troisième fois, inspirez puis expirez... Notez l'air qui rentre par vos narines, notez les sensations que cela provoque en vous, si vous maitrisez le scan corporel c'est le bon moment pour le pratiquer, si non promenez simplement votre esprit sur chaque partie de votre corps puis notez les sensations qui s'y trouvent.

Lorsque vous êtes bien détendu, imaginez-vous, en train de faire des bulles de savons. Souvenez-vous, quand vous étiez petit, vous aimiez peut-être en faire ! Vous avez vu d'autres en faire... Et si vous ne l'avez jamais fait, imaginez-le simplement ! Avec une paille et un gobelet remplit de liquide (eau et liquide vaisselle). Trempez votre paille puis soufflez dedans doucement. Imaginez la bulle qui gonfle, voyez la grossir de plus en plus. Imaginez les couleurs palles qui dansent sur sa surface, les reflets du soleil qui tremblent sur votre bulle... Imaginez les bulles qui s'envolent l'une après l'autre. Faites-en une plus grande. Imaginez que vous gonflez tellement cette bulle, qu'elle devient plus grande que vous-même ! Imaginez que vous rentrez dans cette bulle et qu'elle s'élève dans le ciel en vous emportant loin, très loin ! Et plus vous montez haut et plus vous êtes léger et apaisé ! Laissez-vous flotter un certain temps, vous pouvez imaginer survoler des villes ou des montagnes, des forêts… libre à vous de décider. Observez les paysages à vos pieds, imaginez leurs couleurs, leurs formes, leurs tailles… Laissez-vous aller et lorsque vous êtes aussi détendu que vous le souhaitez, posez-vous doucement au sol. Inspirez profondément puis expirez doucement. Savourez à présent la détente qui vient de s'installer dans votre corps et dans votre esprit !

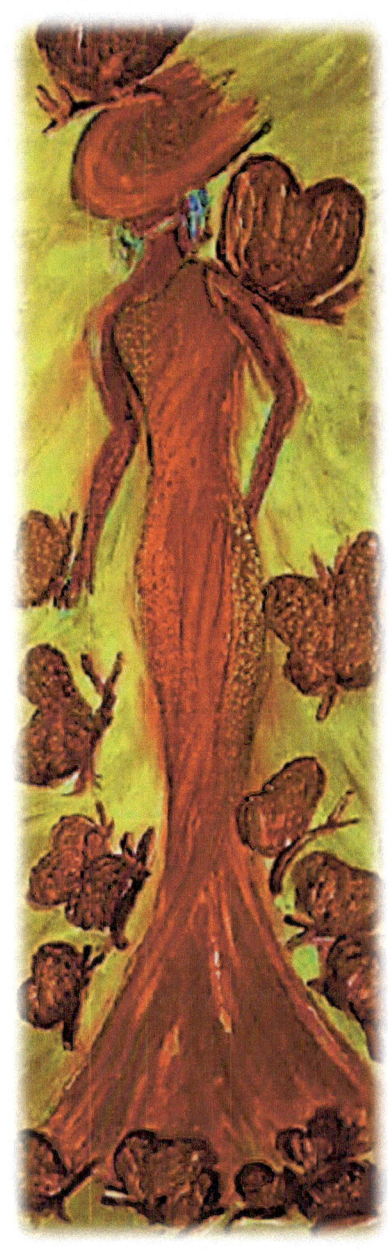

Aromathérapie

QUELQUES BASES : HUILES ESSENTIELLES

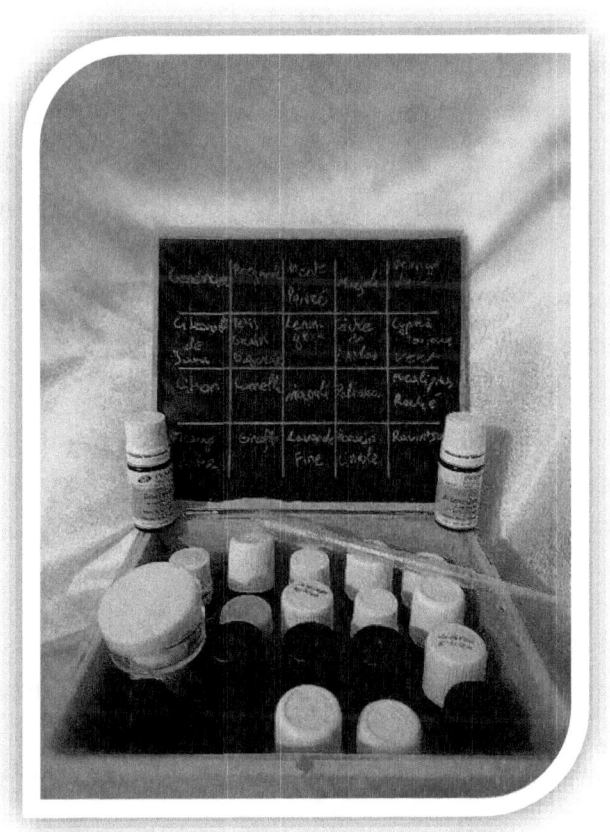

Huile essentielle - substance de nature volatile extraite des végétaux, fabriquée selon un procédé prédéfini – cela peut être la distillation à vapeur, distillation sèche ou bien par un procédé mécanique sans chauffage.

Les premiers « témoignages » d'utilisation des huiles essentielles datent de l'Égypte antique. À plusieurs reprises les huiles essentielles ont été utilisées par les médecins aussi bien durant l'Antiquité que dans la médecine moderne. Longtemps utilisées dans les médecines douces, aujourd'hui leurs bienfaits ont été prouvés avec des recherches scientifiques et médicales. Les analyses ont relevé des composés très complexes tels les phénols, alcools, esters, cétones…). Certaines sources citent plus de 250 molécules. Séparément elles sont fort utiles mais leurs véritables forces se révèlent en synergie. Elles peuvent être antifongiques, sédatives, antivirales…

La grande quantité de molécules dans chaque huile permet que la même plante agisse sur plusieurs pathologies différentes. Selon les personnes, les huiles peuvent être plus ou moins efficaces et pour cette raison, il est important que si une huile n'agit pas suffisamment à votre goût vous puissiez utiliser une autre qui a des propriétés similaires et qui vous conviendra probablement beaucoup mieux. Peu tolérantes aux chaleurs, les huiles essentielles sont à diffuser avec des diffuseurs mécaniques spécialement prévus à cet effet. Si nous ne pouvons pas nous en procurer, il vaut mieux déposer une goute pure sur votre col ou bien sur votre manche et inspirer l'huile à plusieurs reprises. Les diffuseurs avec une bougie surchauffent de trop et dénaturent l'huile en lui retirant ses bénéfices. Pour désinfecter et assainir l'air de la maison, il existe également des sprays à base d'huiles essentielles vendus en pharmacie. En application cutanée, généralement les huiles essentielles sont diluées dans un corps gras (gel, huile végétale…). Nous suivrons la règle des 20/80 – 20% HE pour 80% HV. Nous pouvons également compter environ 4-5 gouttes dans une cuillère à soupe. Parfois, nous pouvons appliquer juste une goutte directement sur la peau mais pour cela, il nous faut au préalablement se renseigner sur les contre- indications de l'huile en question.

Les essences d'agrumes sont à proscrire avant une exposition au soleil, en effet les zestes sont photo-sensibilisant et provoquent des taches brunes sur la peau.

Il existe également des recettes de crèmes et diverses pâtes faites maison à la base d'huiles essentielles. Bien préparées, elles sont d'une excellente efficacité. Sur internet, on trouve des vidéos et des recettes de toute sorte, il est cependant préférable de bien se renseigner avant de produire ses propres remèdes faits maison. Pour les prises internes, c'est en diluant les huiles dans une petite cuillère de miel ou bien sur un comprimé neutre. Déposer des huiles directement dans votre bouche risque de causer des brûlures et va à coup sûr perturber les muqueuses concernées. En ce qui concerne les bonnes vieilles astuces avec le pain ou avec l'eau, elles sont à bannir car dans les deux cas, cela revient à une prise pure des huiles. Pour les diabétiques, il est préférable d'utiliser les comprimés neutres afin d'éviter le miel bien sucré. Les réactions internes peuvent être plus graves, il est donc encore une fois absolument nécessaire de discuter avec un professionnel avant de décider d'une prise orale.

Lors d'un RDV en Aromathérapie, le professionnel prendra le temps de discuter avec vous, prendre connaissance de vos allergies et de vos antécédents. Il vous fera sentir plusieurs flacons en observant votre visage et les micro-expressions qui suivent les différentes odeurs. Une fois qu'il/elle a décidé de la synergie à proposer il/elle vous expliquera comment l'appliquer, quand l'arrêter… Généralement l'aromathérapeute donne des conseils et ajuste si ensuite un problème survient avec la synergie. Vous pouvez également prendre des conseils à la pharmacie.

!!! 2h à 3h – c'est le temps qu'il faut respecter entre les prises à l'orale d'une huile essentielle

Essayez toujours les nouvelles huiles dans le creux du coude ou bien à l'intérieur du poignet. Attendez quelques heures (24h pour les personnes fragiles, asthme, enfants…), si une réaction apparait ne prenez pas cette huile et demandez conseil à un professionnel.

Nous pouvons utiliser les huiles essentielles par voie orale, respiratoire ou cutanée (toujours vérifier les voies autorisées pour chaque huile !).
Lorsque nous diluons dans de l'huile végétale, nous devons respecter la règle de 20 – 80 : 20% huile essentielle pour 80% d'huile végétale.

Bien choisir ses Huiles Essentielles

Bien choisir ses huiles est primordiale, car étant concentrées si elles ont été exposées à des produits nocifs, ces produits se trouvent également dans l'huile. De plus, l'appellation « Bio » n'est pas une garantie en soi. Les réglementations bio ne sont pas les mêmes d'un pays à un autre. Une huile peut être propre et biologique mais si elle n'a pas été extraite en suivant tous les protocoles, son efficacité va se retrouver fortement diminuée. Nous l'achèterons donc en pharmacie ou bien dans des magasins spécialisés. Nous pouvons commander sur certains sites cependant, nous n'aurons plus les mêmes conseils et suivis. Un professionnel peut se renseigner sur différents facteurs tel un traitement en cours, des maladies et allergies, enfants en bas âge… Les huiles portant l'appellation « pharmacopée Française » sont d'une très grande qualité.

Les « bonnes » huiles portent généralement sur leur boîte les critères suivants :

Le nom commun et le nom botanique de la plante

La partie utilisée pour l'extraction – écorce, fleurs, racines…

Le Chémotypée (actif principal) – limonène, carvone, linalol…

Origines – France, Inde, Italie…

Numéro de lot

Mention HECT OU HEBBD – « huile essentielle chémotypée » ; « huile essentielle botaniquement et biochimiquement définie »

Date de péremption

Pour préserver votre huile, il est important de bien la protéger de la lumière directe ainsi que de la chaleur. L'idéal c'est d'avoir un coffret en bois spécialement prévu pour. La chaleur détruit les composés chimiques des huiles, il est donc naturel de les placer loin des sources de chaleur. Elles peuvent effectivement périmer, cependant cette péremption adviendra au bout de 3 à 5 ans selon les huiles. Il est impératif également de s'assurer que les flacons restent loin des enfants.

Synergie – Grippe

Appliquez sur le thorax et les parties latérales du cou ainsi que la nuque, 3 à 4 fois par jour pendant 7 à 10 jours.

(7 ans et plus)

Huile essentielle	Nombre de gouttes	Huile végétale	Nombre de gouttes
Niaouli	2 gouttes	Huile d'olive	40 gouttes
Ravintsara	5 gouttes	Ou	
Eucalyptus Radiata	3 gouttes	Macadamia	

Appliquez 5 à 6 gouttes sur le thorax, 3 fois par jour pendant 3 à 4 jours.

(24 mois et plus)

Huile essentielle	Nombre de gouttes	Huile végétale	Nombre de gouttes
Eucalyptus Radiata	2 gouttes	Huile d'amande douce	16 gouttes
Inule Odorante	1 goutte		
Ravintsara	1 goutte		
Tea Tree	1 goutte		

Dentifrice fait maison

Ingrédients	Quantité
Argile surfine	1 cuillère à soupe
Soude bicarbonate	1 cuillère à café
Huile essentielle	2 gouttes
Eau	

Nettoyez soigneusement un petit récipient avec couvercle, une petite cuillère, une cuillère à soupe et une pipette.

Versez l'argile surfine dans votre récipient, ensuite rajoutez la soude bicarbonate. Rajoutez l'eau doucement avec la pipette tout en mélangeant. Une pâte lisse se formera au fur et à mesure. Lorsque votre pâte commence à ressembler à un dentifrice ordinaire, arrêtez de rajouter de l'eau.

Choisissez votre huile selon les besoins que vous avez. Le citron pour désinfecter, la menthe pour une meilleure haleine, le clou de girofle pour des gingivites… Vérifiez au préalable que l'huile de votre choix n'est pas dermocaustique et que son utilisation en interne est autorisée.

Rajoutez 2 gouttes dans votre préparation et mélangez bien.

Votre dentifrice est prêt ! Vous pouvez le garder environ une semaine alors faites toujours de petites quantités.

Les Poux

En prévention : Appliquez 1 goutte du mélange suivant, tous les matins sur différents points du cuir chevelu : 1 goutte au niveau de la nuque, 1 goutte derrière les oreilles... (3 à 4 gouttes au maximum)

Huile essentielle	Nombre de gouttes
Lavande fine	
Ou	5 gouttes
Lavandin	

Si les poux sont là : Enduisez les cheveux avec un corps gras (huiles de coco, olive…), placez la chevelure sous un film plastique et laissez agir 1h. Passez toute la chevelure avec un peigne à poux. Lavez avec le shampooing habituel additionné de 5 gouttes de lavande/lavandin.

Lorsque la tête est infestée : Mélangez 10 gouttes de la synergie proposée avec un corps gras. Appliquez sur la tête puis passez bien soigneusement avec un peigne à poux. Lavez les cheveux avec un shampooing doux. Renouvelez l'opération pendant 3 jours consécutifs. Renouvelez 8 à 15 jours après au plus tard (temps que les lentes donnent des poux). Après chaque shampooing, munissez-vous de votre peigne à poux pour enlever les poux et lentes mortes.

Huile essentielle	Nombre de gouttes
Eucalyptus Radié	30 gouttes
Tea Tree	60 gouttes
Lavandin Super	60 gouttes

Huile essentielle de Lavande - *Lavandula angustifolia*

Origines	France
Partie utilisée	Fleurs
Spécificité biochimique	Acétatede linalyle, linalol, ocimènes
Famille Biochimique	Ester 45% Monoterpénol 30%
Mode d'application :	Age requis :
Orale	7 ans
Cutané	30 mois
Diffusion	30 mois
Inhalation	30 mois

Dermocaustique	NON
Irritante pour les voies respiratoires	NON
Hormon-like	NON
Neurotoxique	NON
Irritante pour la peau	NON
Hépatotoxique	NON
Photo - sensibilisante	NON

Propriétés thérapeutiques :
Indications :

Crampes, contractures et spasmes musculaires	Antispasmodique
Stress, anxiété, dépression	Calmante
Agitation, insomnie	Sédative, antidépressive
Acné, eczéma, psoriasis	Cicatrisante
Brulure, ulcère, plaie	Régénératrice cutanée
Escarre, dermite, couperose	Antalgique
Rhumatismes	Hypotensive
Troubles d'origine nerveuse :	Antimicrobienne
Asthme, spasmes digestifs, nausées, migraines, extrasystoles	Antiseptique

Précautions :

!!! Si un traitement médicamenteux est en cours, il est de rigueur de toujours demander un avis médical.

Avis médical :	Demander un avis médical pour les personnes asthmatique
Application cutanée	Veuillez diluer dans une huile végétale. 20% de HE pour 80% de HV. Sur des petites plaies nous pouvons l'appliquer pure sur une surface réduite (1 à 2 gouttes)
Dosage	À trop forte dose les effets s'inversent (nervosité et insomnie) Si usage de très longue durée, une réaction allergique peut apparaitre.
Vigilance	À ne pas confondre avec lavande Aspic, leurs propriétés chimiques n'étant pas les mêmes les effets obtenus ne seront pas équivalents ainsi que les précautions à prendre.
Composants allergènes	Linalol (25 à 36%) Limonène ($\leq$1%) Géraniol ($\leq$0,5%) Coumarine ($\leq$0,2%)

La lavande est à l'origine de l'aromathérapie. Aujourd'hui c'est l'huile essentielle la plus vendue en France. Sa découverte est due au docteur Gattefossé, qui l'appliqua pour soigner ses brûlures. Lavande fine ou lavande vraie ? Souvent trouvée sous les deux appellations, la lavande angustifolia porte les deux noms avec beaucoup de fierté. Les appellations « fine » ou « officinale » correspondent aux plantes cultivées conformément aux critères de la pharmacopée française. « Vrai » ou encore « sauvage » correspondent en revanche aux plantes récoltés et non cultivés. L'altitude est tout aussi importante pour cette plante aux mille vertus. Selon 800 ou 1200 mètres d'altitude les propriétés seront différentes. Sur le plan thérapeutique elle est très efficace pour réparer la peau et les muqueuses. Elle possède une capacité de cicatrisation très élevée. Elle est également appelée la mère car sur le plan mental elle permet de se sentir enveloppé, protégé, materné. Cette huile essentielle permet de diminuer l'anxiété, le stress, l'agitation, la colère et l'insomnie. Elle est également un décontractant musculaire qui sera utilisé pour diminuer les contractures, les crampes, les torticolis ainsi que pour une détente musculaire après l'effort intense. Nous allons l'utiliser également en prévention comme répulsif et traitement Anti – poux. Etant également cicatrisante et réparatrice pour la peau, elle est indiquée pour brulures, cicatrisation des plaies, allergie cutanée : eczéma psoriasis urticaire...

Pour traiter les insomnies il suffira de déposer de la lavande fine ou lavande vraie dans la chambre à coucher et de laisser l'huile apaiser le corps et l'esprit. Pour une détente générale nous pouvons également mettre 5 gouttes de l'huile essentielle de lavande dans une noisette de gel douche. Nous laisserons ce mélange se dissoudre dans l'eau du bain. Un bain avec des huiles essentielles ne devrait pas être effectué plus d'une fois par semaine. Pour traiter les cicatrices par voie cutanée, on applique 2 à 4 gouttes sur la zone cicatricielle 3 fois par jour à répéter jusqu'à la disparition complète. Pour la nervosité et l'agitation, en diffusion versez le nombre de gouttes indiqué sur la notice dans le diffuseur. On diffuse par plage de 30 minutes au maximum. Nous pouvons également appliquer 3 gouttes diluées dans une pression de l'huile végétale sur la plante des pieds. Une goutte pure sur l'intérieur du poignet fera également des miracles. Pour la peau sèche nous pouvons mélanger 3 gouttes de HE dans dix gouttes de l'huile végétale et appliquer sur la zone concernée une à 2 fois par jour puis faire une pause d'une semaine au bout de 3 semaines d'utilisation. Pour des escarres une goutte pure localement sur la zone concernée 3 fois par jour jusqu'à cicatrisation.

Il est important de tester l'huile essentielle avant la première utilisation. Une goutte sur le poignet ou dans le creux du coude est un test très fiable. Pour les enfants ou les sujets fragiles on peut attendre 24 heures.

❀❀❀

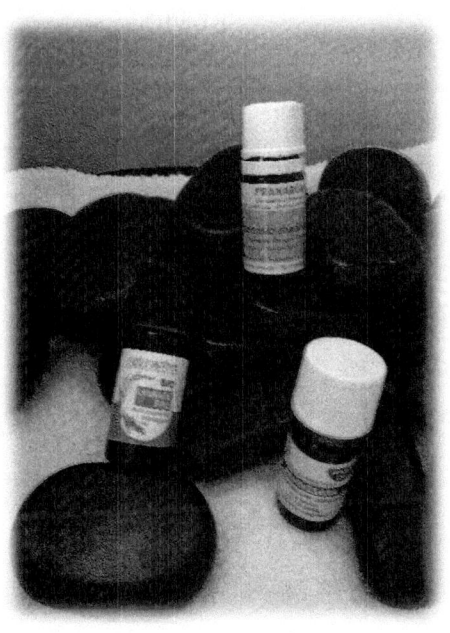

Camomille Romaine – Chamaemelum nobile

Origines	Europe
Partie utilisée	Fleurs
Spécificité biochimique	Angélates d'isobutyle, d'isoamyle, de méthallyle, pinocarvone
Famille Biochimique	Ester75% < 5%
Mode d'application :	Age requis :
Orale	7 ans
Cutané	7 ans
Diffusion	7 ans
Inhalation	7 ans

Dermocaustique	NON
Irritante pour les voies respiratoires	NON
Hormon-like	NON
Neurotoxique	NON
Irritante pour la peau	NON
Hépatotoxique	NON
Photo – sensibilisante	NON

Indications :

Calmante
Sédative, antidépressive
Antispasmodique
Cicatrisante
Régénératrice cutanée
Antalgique
Antiseptique
Stress, anxiété, dépression
Agitation, insomnie
Troubles d'origine nerveuse
Asthme, spasmes digestifs, nausées, migraines, extrasystoles
Acné, eczéma, psoriasis
Crampes, contractures et spasmes musculaires

Précautions :

!!! Si un traitement médicamenteux est en cours, il est de rigueur de toujours demander un avis médical.

Avis médical :	Demander un avis médical pour les personnes asthmatiques.
Application cutanée	Veuillez diluer dans une huile végétale. 20% de HE pour 80% de HV. Sur des petites plaies, nous pouvons l'appliquer pure sur une surface réduite (1 à 2 gouttes).
Dosage	À trop forte dose, elle peut provoquer des somnolences et des vertiges.
Vigilance	Ne pas utiliser chez les femmes enceintes, les personnes épileptiques et chez les nourrissons de moins de 30 mois.
Composants allergènes	Limonène (≤1%)

Tea Tree - Arbre à thé

(Melaleuca alternifolia)

Origines	Australie
Partie utilisée	Feuilles
Spécificité biochimique	4 terpinéols ; 1,8 - cinéole Terpinène
Famille Biochimique	Monoterpénol 60%
Mode d'application :	Age requis :
Orale	7 ans
Cutanée	30 mois
Diffusion	30 mois
Inhalation	30 mois

Dermocaustique	NON
Irritante pour les voies respiratoires	NON
Oestrogen-like	NON
Cortison-like	OUI
Neurotoxique	NON
Irritante pour la peau	OUI
Hépatotoxique	NON
Photo-sensibilisante	NON

Propriétés thérapeutiques :
Indications :

Antibactérienne
Antifongique
Antivirale
Immunostimulante
Anti-protozoaire, Antiparasitaire
Anti-inflammatoire
Cicatrisante
Décongestionnante veineuse, phlébotonique
Plaies
Infections
Acné / Mycoses
Infections ORL
Infections buccales
Infections urinaires
Boutons de fièvre/herpès
Poux
Fatigue et baisse de tonus

!!! Si un traitement médicamenteux est en cours, il est de rigueur de toujours demander un avis médical.

Avis médical :	Demandez un avis médical si épilepsie
Application cutanée	Veuillez diluer dans une huile végétale. 20% de HE pour 80% de HV. A garder à l'abri de la lumière afin d'éviter l'oxydation.
Dosage	Si un surdosage survient, il existe un risque d'étourdissement et de perte de coordination motrice.
Vigilance	Toujours tester avant une première utilisation.
Composants allergènes	Linalol (≤1%) Limonène (≤2%)

Il est important de tester l'huile essentielle avant la première utilisation. Une goutte sur le poignet ou dans le creux du coude est un test très fiable. Pour les enfants ou les sujets fragiles on peut attendre 24 heures.

L'arbre à thé est une plante native de l'Australie. Bien avant que la médecine moderne s'installe dans les mœurs, cette plante a déjà été utilisée dans les remèdes traditionnels par les peuples autochtones. Mâché, écrasé, en infusion voir en cataplasme le Tea Tree lutte contre les rhumes, les infections et les refroidissements depuis des centaines d'années. Grâce à son très large spectre et le peu de contre-indication, l'huile essentielle d'arbre à thé est l'une des plus utilisée et plus commercialisée en Occident. Aujourd'hui, on peut trouver des flacons dits « familiaux » avec une taille largement supérieure aux autres huiles.

Les monoterpénols se trouvant dans cette huile ont la capacité de rétablir le tonus du système nerveux tout en évitant l'excitation de ce dernier.

En application externe, le Tea Tree peut être utilisé dans les cas suivants :

Fatigue : En massage le long de la colonne vertébrale ou bien sur la plante des pieds.

Contre les infections et troubles cutanés (furoncle, impétigo, mycose, zona, varicelle, psoriasis, panaris) : Diluez avec une huile végétale et massez la zone concernée.

Contre les problèmes bucco-dentaires : Créez votre propre dentifrice avec du tea tree ou bien rajoutez une goutte sur la brosse à dent avec votre dentifrice habituel.

Pieds (fatigués, meurtris, etc.) : En bain de pieds, on va diluer notre huile dans une noisette de gel douche ou gel neutre.

Piqûre d'insecte : Pour une seule piqure/un seul bouton, on peut poser juste une goutte à l'endroit concerné, sinon on dilue dans une huile végétale et on l'applique.

Radiothérapie : diluez avec une huile végétale, et massez la partie concernée (après la radiothérapie).

Pour les troubles ORL : diluez et massez derrière les oreilles, on peut également appliquer notre mélange dans le creux du coude.

Contre les infections uro-génitales (cystite, mycose vaginale, herpès génital, prurit, vulvo-vaginite) : diluez avec de l'huile végétale, massez le bas-ventre.

Pour chaque prise orale, il est important de consulter un spécialiste.

Note : Dans certains ouvrages, il est conseillé de diluer dans de l'eau (traitement buccaux et gorge), or AUCUNE huile essentielle (HE) n'a la capacité de se mélanger avec de l'eau. Nous pouvons diluer, avec de l'huile végétale (HV), ou bien du gel. En pharmacie, nous pouvons trouver divers produits destinés à diluer nos HE. A l'orale, nous allons utiliser des comprimés neutres ou une petite cuillère de miel.

Ylang Ylang – Cananga odorata

Origines	Madagascar, Mayotte, Comores
Partie utilisée	Fleurs
Spécificité biochimique	Germacrène, Caryophyllène, Farnésène, Benzoate de benzyle
Famille Biochimique	Sesquiterpène 60%
Mode d'application :	Age requis :
Orale	7 ans
Cutané	30 mois
Diffusion	30 mois
Inhalation	30 mois

Dermocaustique	NON
Irritante pour les voies respiratoires	NON
Hormon-like	NON
Neurotoxique	NON
Irritante pour la peau	OUI
Hépatotoxique	NON
Photo - sensibilisante	NON

Propriétés thérapeutiques :
Indications :

Anti-inflammatoire
Antispasmodique
Tonique sexuelle
Hypotensive
Calmante
Anti-infectieuse
Tonique capillaire
Antiparasitaire
Allergies cutanées
Eczéma, urticaire, psoriasis
Arthroses, douleurs rhumatismales
Fibromyalgie
Douleurs musculaires
Douleurs abdominales et menstruelles
Spasme
Perte de cheveux / suite de chimiothérapie
Baisse de libido et Ménopause

Précautions :

!!! Si un traitement médicamenteux est en cours il est de rigueur de toujours demander un avis médical.

Avis médical :	Demander un avis médical pour les personnes asthmatique.
Application cutanée	Veuillez diluer dans une huile végétale. 20% de HE pour 80% de HV. Sur des petites plaies, nous pouvons l'appliquer pure sur une surface réduite (1 à 2 gouttes).
Dosage	Jamais en application pure ! Peut provoquer des céphalées et des nausées à forte dose.
Vigilance	Ne pas utiliser pure en diffusion. Diluer avec d'autres huiles essentielles
Composants allergènes	Linalol (2 à 16%) Farnésol ($\leq$5%) Géraniol ($\leq$5%) Benzoate de benzyle ($\leq$12%) Salicylate de benzyle ($\leq$4%) Eugénol ($\leq$0,9%) Alcool Benzylique ($\leq$0,5%) Isoeugénol ($\leq$0,3%)

Arbre de petite taille s'il est cultivé, allant à plus de 20 mettre à l'état sauvage, l'Ylang-Ylang a élu domicile dans l'océan Indien à Madagascar, à Mayotte et aux Comores… Ecorce grise, des feuilles vertes et de splendides fleurs jaunes qui poussent en grappe… Un spectacle de toute beauté ! Ayant appris à connaitre l'effet que cette fleur exerce sur les hommes, les femmes en Indonésie faisaient macérer les fleurs dans l'huile de coco et y imprégnaient leur magnifique chevelure. Cette belle fleur avait également sa place dans la chambre à coucher afin de garantir une nuit de noces réussie. Il existe plusieurs types d'utilisation pour cette plante. Son odeur très forte et florale luis donne une place centrale non seulement dans les huiles essentielles mais également en parfumerie. En aromathérapie, nous allons choisir la distillation complète qui sera meilleure en puissance thérapeutique.

Anxiété

Déposer 1 goutte sur le coussin le soir au coucher, si l'odeur est trop forte on peut retourner le coussin simplement.

Huile essentielle	Nombre de gouttes
Lavande Fine	1 goutte

Déposer 1 goutte sur le poignet 3 fois par jour.

Spécial enfant

Huile essentielle	Nombre de gouttes
Lavande Fine	1 goutte
Camomille Romaine	1 goutte

On masse la plante des pieds et le long de la colonne vertébrale 2 à 3 fois par jour.

Huile essentielle	Nombre de gouttes	Huile végétale	Nombre de gouttes
Lavande Fine	2 gouttes	Amande douce	12 gouttes
Marjolaine	1 goutte	Ou	
Camomille romaine	2 gouttes	Huile d'olive	

On masse le plexus solaire 2 à 3 fois par jour.

Huile essentielle	Nombre de gouttes	Huile végétale	Nombre de gouttes
Lavande Fine	2 gouttes	Amande douce	12 gouttes
Ylang-Ylang	1 goutte	Ou	
Camomille romaine	2 gouttes	Huile d'olive	

Renforcer vos cheveux

Alimentation, stress, fatigue… Les « ennemis » de nos magnifiques chevelures sont très nombreux. La nature et les huiles essentielles peuvent nous donner des pistes pour lutter contre la chute et la fatigue de nos cheveux. Être belle et écolo, c'est tout à fait possible !

Recettes adaptées aux adultes !

Cheveux Fatigués :

Dans 200ml d'huile de noix, ajoutez 20 gouttes d'huile essentielle de ylang-ylang, 10 gouttes de romarin à cinéol, 20 gouttes de lavande vraie et 10 gouttes de Tea Tree. Mélangez bien et appliquez sur vos cheveux (humides). Laissez reposer une quinzaine de minutes. Lavez abondement avec le shampooing habituel. Si vous avez des cheveux très fatigués, procurez-vous des orties (sèches ou fraîches) et faites une infusion comme pour une tisane. Lavez vos cheveux avec. Les orties peuvent être achetées dans les magasins de nature et santé ou simplement cueillies par vos soins. Si vous décidez d'aller chercher vos plantes vous-même, prenez de petits ciseaux et prélevez simplement les jeunes pousses, elles ont une couleur verte plus claire que le reste de la plante.

Brillance et douceur :

Deux jaunes d'œuf, plus 5 gouttes d'Ylang Ylang, une cuillère à soupe d'huile de pépin de raisin et une cuillère à soupe d'huile de noix. Mélangez le tout avec un fouet de cuisine puis appliquez sur vos cheveux. Mettez un bonnet de bain et laissez reposer 20 minutes. Lavez avec de l'eau propre ou avec de l'eau d'orties.

Dans votre shampoing, ajoutez deux gouttes d'huile essentielle (HE) comme il se suit :

Pour des cheveux abimés, ajoutez l'une des HE : Géranium rosat, Palmarosa, Lavande fine ou Citron.

Cheveux gras : Palmarosa, Lavande fine, Cèdre d'Atlas, Bergamotte ou Pamplemousse.

Cheveux secs : Géranuim ou Romarin

Chute des cheveux : Gingembre, Romarin à Camphre

Poux : Lavandes Fine et Tea Tree

La menthe Poivrée – Mentha piperita

Origines	Inde
Partie utilisée	Parties aériennes
Spécificité biochimique	Menthole, Menthone
Famille Biochimique	Monoterpénol 40% Cétone 25%
Mode d'application :	Age requis :
Orale	7 ans
Cutané	7 ans
Diffusion	<u>*NON*</u>
Inhalation	10 ans

Dermocaustique	NON
Irritante pour les voies respiratoires	NON
Hormon-like	NON
Neurotoxique	NON
Irritante pour la peau	NON
Hépatotoxique	NON
Photo - sensibilisante	NON

Propriétés thérapeutiques :
Indications :

Antalgique
Anti-migraineux
Rafraichissant local
Digestif
Tonique Général
Antispasmodique
Piqûres d'insectes
Migraine, Maux de tête, Vertiges
Echauffement
Nausée, Reflux gastrique, Ballonnement, Mauvaise digestion
Fatigue, Somnolence, Efforts soutenus

Précautions :

!!! Pour une prise orale ou si un traitement médicamenteux est en cours, il est de rigueur de toujours demander un avis médical.

Avis médical :	Demander un avis médical pour les personnes asthmatique et épileptiques.
Application cutanée	Eviter l'application sur des grandes surfaces.
Dosage	En prise orale, éviter de dépasser 1 semaine de traitement.
Vigilance	Strictement interdit pour les moins de 7 ans ! Pas de diffusion.

La menthe Poivrée, est une hybride, qui tient ses origines dans la menthe verte et la menthe aquatique. Elle est l'une des 25 espèces de menthe recensées actuellement. Les qualités chimiques et la proportion de menthol varient selon le sol ainsi que les conditions de récolte de la plante.

Prisée et très utilisée depuis l'antiquité, la menthe est utilisée en parfumerie, en cuisine, en aromathérapie… Les romains s'en servaient même pour aromatiser leurs vins ! Durant l'antiquité, les femmes qui n'avaient pas le droit de boire, mélangeaient une pâte de menthe et de miel puis elles la mâchaient pour neutraliser la mauvaise haleine et le reste des molécules du vin.

Devenue populaire en Europe Occidentale pendant le XVIIIème siècle, la menthe poivrée a su se faire un chemin dans le milieu médical. Aujourd'hui, elle est devenue l'une des huiles essentielles les plus vendues.

Nettoyer le foie fatigué 2 gouttes matin et soir

En prise orale

(Demander l'avis d'un professionnel avant toute prise orale !)

Huile Essentielle	Nombre de Gouttes	Durée
Livèche	10	
Carotte	10	1 à 2 semaines max.
Céleri	10	
Menthe poivrée	10	

Sinusite En massage, autour du nez, sur les tempes, tout le long des sourcils et sur le front. *Pour 80ml d'huile végétale*

Huile Essentielle	Nombre de Gouttes	Durée
Eucalyptus Radié	10	1 à 2 semaines max.
Tea Tree	10	
Niaouli	10	
Menthe poivrée	10	

Rhumes : En massage, sur le dos et le thorax. *Pour 80ml d'huile végétale*

Huile Essentielle	Nombre de Gouttes	Durée
Ravinsara	10	
Tea Tree	10	1 à 2 semaines max.
Eucalyptus Radié	10	
Menthe poivrée	10	

!!! En massage, les Huiles essentielles doivent être diluées dans une huile végétale !!!

4 gouttes de HE pour 1 cuillère à soupe d'huile végétale.

Astuces express :

Des étés chauds, des températures élevées... Dans une carafe d'eau, placez une poignée de feuilles de menthe, une poignée de glaçons, quelques quartiers d'orange et une bonne heure dans le frigo ! Après le repas, ou en simple rafraichissement !

Durant les périodes de grandes chaleurs, vous pouvez ajouter 1 à 2 gouttes de Menthe poivrée dans votre flacon de gel douche puis vous laver avec. !!! 1 à 2 gouttes pour un flacon entier de gel !!!

Un mal de tête violent ! Une seule goutte sur les tempes pourra vous procurer un soulagement rapide et durable ! Cependant, faites attention à vos yeux !

Ballonnements et digestion difficile ! 1 à 2 gouttes sur un comprimé neutre après votre repas.

!!! Demandez un avis professionnel avant toute prise orale !!!

La partie aromathérapie, s'achève ici. Comme tout le reste dans ce recueil, les quelques pages consacrées à cette discipline, ont comme objectifs de présenter, de pousser vers les premiers pas, de faire découvrir tout simplement ! Je vous invite à vous procurer davantage de documentation sur le sujet, de discuter avec votre pharmacien ou avec un Aromathérapeute. Je vous invite simplement à vous engager sur une voie de médecine alternative qui n'est peut-être pas douce mais qui vous emportera doucement vers un monde fleuri et qui vous charmera à tout jamais !

Je vous souhaite un bon voyage dans ce merveilleux monde d'odeurs, de couleurs et de ressentis !

Dans les grands concepts psychologiques qui m'ont beaucoup aidée, il y aussi la pyramide des besoins fondamentaux établie par Abraham Maslow. Comprendre comment notre esprit classe nos besoins, nous permet également de comprendre pourquoi parfois nous avons des comportements « étranges ». Nous pouvons également comprendre pourquoi nous ne sommes « plus sur la même longueur d'ondes » alors qu'il y a peu nous étions « faits l'un pour l'autre ».

Je vais essayer d'expliquer le concept simplement et clairement et j'espère qu'il vous sera aussi utile qu'il l'a été pour moi.

Les 5 besoins fondamentaux

Survie

Les fonctions responsables du maintien de la vie. Manger, dormir, respirer... Si un de ces besoins est touché, l'être entier est menacé.

Sécurité

La stabilité dans tous les aspects, physiques, mentaux, matériels.

Sociabilisation

Les liens sociaux ainsi que l'appartenance à un groupe. Être 5accepté et aimé par autrui.

Estime de soi

La valeur que nous nous accordons, la valeur que notre entourage nous accorde. L'amour propre dans tous ses aspects.

Accomplissement

Exploiter ses capacités, atteindre ses objectifs.

Dans les années 40, le psychologue Abraham Maslow a recensé les besoins fondamentaux en 5 catégories. Survie, Sécurité, Socialisation, Estime et

Accomplissement. Plus tard, une pyramide a été créée pour illustrer ses travaux.

Selon lui, pour passer à un étage suivant, nous devons avoir commencé l'accomplissement du niveau précédent. Si mes besoins physiques ne sont pas satisfaits, il me sera impossible de passer à autre chose. Lorsque mes besoins de survie commenceront à être satisfaits, je passerai à la suite en cherchant la stabilité et la sécurité, puis je me lancerai à la poursuite des relations sociales, à une acceptation dans un groupe, une communauté… Ainsi de suite, nous gravissons les échelons en évoluant et en cherchant à arriver vers l'accomplissement final. Cependant, la vie tourne et les besoins qui ont été satisfaits durant un certain temps peuvent ne plus l'être, alors nous serons dans l'obligation de nous lancer dans une nouvelle poursuite d'accomplissement de nos besoins.

Nos réactions et nos motivations sont guidées par ces 5 besoins fondamentaux. Selon le niveau de leurs importances, les impacts des « revendications » seront également différents. Par exemple, si j'ai faim je serai prêt à m'exposer au danger pour me nourrir. J'aurai donc dans ce cas sacrifié mon besoin de sécurité pour accomplir mon besoin de survie. Autre exemple, pour accomplir mon besoin de sociabilisation qui est de niveau 3, je pourrai accepter des choses qui vont à l'encontre de mon estime de soi qui est un besoin de niveau 4... Cela dit, il est évident que cette acceptation se fera à des niveaux différents selon nos caractères, nos conditions de vie, les situations vécues... Cela peut se traduire sous forme d'acceptation des bizutages par exemple, ou des situations plus simples telles qu'amoindrir ses réussites pour éviter de froisser une personne...

Selon Maslow, nous n'avons pas besoin d'accomplir entièrement un besoin, il suffit de commencer l'accomplissement pour pouvoir passer au niveau suivant. Si cependant un niveau inférieur est de nouveau menacé, nous allons redescendre si tôt.

Pouvoir identifier notre propre niveau et le niveau de notre interlocuteur est une manière d'éviter des altercations et incompréhensions entre deux personnes qui se trouvent sur des niveaux différents. Leurs priorités sont également très différentes, il en suit donc que leurs langages et leurs décisions en seront différents. Pouvoir comprendre cela, permet d'accepter le point de vue de notre entourage. Une meilleure compréhension permet également de pouvoir faire des concessions plus facilement. Si mes besoins de survie, de sécurité et de sociabilisation sont accomplis, j'aurai tendance à juger sévèrement les actes de bizutages ou autres qu'une personne serait capable d'accomplir pour être acceptée par un groupe. Si cependant, je peux comprendre que cette même personne cherche à accomplir son besoin de sociabilisation et qu'elle n'est pas encore arrivée à son besoin de niveau 4, je peux alors ne pas être d'accord tout en comprenant pourquoi elle réagit de cette manière.

Comprendre, c'est également faire un pas en avant, c'est donner la main sans jugement et sans reproche !

Comprendre, c'est la base des relations saines et bienveillantes !

Vivre à deux, vivre heureux !

- ♥ Faites-vous des câlins !

- ♥ Apprivoisez la tolérance et le respect !

- ♥ Parlez entre vous lorsque les problèmes s'invitent dans votre foyer !

- ♥ Apprenez à écouter !

- ♥ Traitez les membres de votre famille, comme vous voudriez être traité !

Le dictat silencieux du couple parfait

Un homme romantique et attentionné, toujours fort et responsable, une femme délicate, tirée à quatre épingles, capable d'assumer des journées de 48h le sourire aux lèvres. Des enfants sages et obéissants, intelligents et bienveillants qui comprennent les envies de leurs parents d'un simple regard ! Tintintin* (*Générique publicitaire).

Eh oui cela serait tellement bien si la moitié de cela existait réellement. Cependant nous cherchons tous à atteindre ce point de perfection familiale complètement idéalisé et imaginaire. Dans les publicités, les familles sont toutes heureuses, sur les posters tout le monde est bienveillant et calme !

Et nous, le commun des mortels, nous avons des hommes qui développent une très étrange compréhension du romantisme (ou bien c'est la compréhension féminine qui est étrange à leurs yeux ? Qui sait !). Nous les femmes, nous devons faire des choix d'être « classe » en toutes circonstances et devenir des esclaves de la mode et de ses caprices, « business dames » souvent trop chargées ou « mamans au foyer » disponibles pour des activités mais débordées par le planning de famille et quelque part dans le brouhaha, nous essayons de placer quelques moments pour une activité rien que pour nous. Et pour finir quelque part par-là, il y a aussi cette fameuse notion de vie de couple qui nous parait de plus en plus abstraite avec les années qui passent (et le nombre d'enfants) … Et pour nos chers et tendres chouchous… ces mêmes enfants que nous imaginions quasiment parfaits, pour qui nous avions déjà décidé les principes d'éducation à leurs inculquer et bien entendu la merveilleuse façon dont ils allaient être réceptifs à l'éducation bienveillante et positive… Bon bahhh, nous finissons tous par faire sur le tas et au mieux… Nous voilà pressés et débordés à courir toujours derrière une image de vie de famille parfaite et paisible, on y croit… Au risque de vous décevoir cette chimère n'a jamais été atteinte à ma connaissance. Nous nous efforçons de cacher nos défauts et nos problèmes puis le jour où nous finissons par avouer que les choses sont bien compliquées, notre entourage s'ouvre aussi… et là nous réalisons avec stupéfaction qu'en fait ils ont les mêmes craintes, des problèmes similaires, parfois largement pires !

Et si au lieu d'attendre l'explosion émotionnelle / familiale…, nous acceptions notre imperfection et nos faiblesses dès le début ? Très souvent dans les premières années nous trouvons les petites imperfections de notre conjoint très mignonnes. Après quelques temps, ces mêmes défauts nous mettent en colère et les disputes éclatent de plus belle ! Alors si jadis, j'étais prête à faire l'impasse, ne serait-il pas injuste de me fâcher aujourd'hui ? Un homme très sage m'a dit un jour « Avant d'épouser une personne, demande-toi est ce que tu peux vivre avec ses défauts. ». Je ne peux nullement demander aux autres de changer en revanche je peux changer moi et ainsi obtenir des réactions différentes !

Il existe bel et bien certains types de comportements qui devraient être changés mais non pas par notre conjoint mais bien par nous-même ! Si je prends conscience que mes défauts rendent malheureux mon partenaire, il est de mon devoir de remédier à cela, mais c'est mon choix quand et comment procéder. De même, si ma moitié me fait mal ou me met en danger par ses défauts, je peux l'exprimer, je peux l'inciter de faire un travail sur elle-même, je peux lui proposer de l'aide, lui donner des pistes… mais je ne peux en aucun cas les lui imposer !

Et si au lieu de m'efforcer à avoir une famille parfaite comme je l'avais imaginée, je n'attendais pas de mon mari qu'il soit toujours fort ? Si je lui montrais que je l'aime et que je peux être une épaule pour lui quand il en aura besoin ? Il en sera de même lorsque c'est moi qui tomberai ! La vie fait souvent en sorte que nous sommes attirés par des personnes avec lesquelles nous nous complétons. Alors, si moi je suis forte en organisation, au lieu de demander inlassablement à l'autre d'être plus organisé, je pourrais me charger des plannings et de la paperasse et laisser mon conjoint effectuer une autre tâche qui m'est difficile. Un couple pourrait être comparé à deux morceaux d'un puzzle, ils sont faits de sorte qu'ils se complètent et créent une belle image ensemble. Si je « retaille » mon partenaire exactement comme moi, nous ne serons plus complémentaires et l'image de notre puzzle ne sera plus complète ! Et si nous partagions les taches sans distinction et obligation ? Aujourd'hui, j'ai le temps de ranger et demain sans te le demander tu le feras si je suis fatiguée… Et si j'accepte que les désaccords fassent partie d'une vie à deux ? Si j'accepte dès le premier jour que nous ne sommes pas pareils, que nos éducations et nos vécus respectifs feront en sorte que nous vivrons les choses différemment et que nous ne serons pas toujours d'accord l'un avec l'autre ? Et si j'accepte de trouver des concessions qui conviennent à tous les deux lorsque nos points de vue divergent ? Et si je parle ouvertement sans attendre que tu devines ce qui se trame dans mon esprit ? Se parler, sans crainte et sans reproche, sans jugement et sans accusation. Mettre fin à ce naïf espoir que mes pensées vont par miracle être déchiffrées, même si pour moi elles sont évidentes elles ne le sont probablement pas pour mon conjoint ! Alors pourquoi jouer aux devinettes ? La langue française est si riche ! Servons-nous en pour exprimer nos pensées et nos sentiments. Et en ce qui concerne cette peur irascible de froisser l'autre et de provoquer une crise, cette peur là nous devrons la dépasser un jour ou l'autre si nous ne voulons pas finir seul et aigri ! Lorsque les choses sont dites avec du respect, lorsqu'elles sont exprimées pour avancer et non pas pour blesser, nous nous devons d'accepter le droit aux autres de parler et également eux doivent être en mesure d'accepter notre droit de s'exprimer !

Et au lieu de chercher à créer une famille modèle, pourquoi ne pas chercher A COMPRENDRE son conjoint ! Comment puis-je lui faire des reproches, si je n'ai jamais compris pourquoi il se comporte de telle ou telle manière ?! Nous vivons dans une époque où les psychologues et les scientifiques ont fait des tonnes de découvertes. Il existe des livres et des vidéos qui parlent du développement cognitif, des croyances limitantes, du conscient et de l'inconscient…bref il suffit de taper sur internet le « défaut » qui nous pose un problème et nous trouvons plus d'informations qu'il nous en faut ! Servez-vous-en ! Apprenez à discuter réellement, apprenez à vous aimer et vous accepter puis aimer et accepter les autres. Apprenez la tolérance dans son vrai sens, apprenez à écouter et à entendre ! Vous verrez, si vous prenez soin de vous, vous prendrez automatiquement soin de votre famille. Vous ne pouvez pas être épuisé et irritable et attendre que la bonne humeur règne dans votre foyer ! Prenez soin de vous si vous aimez votre entourage ! Prenez soin de noter souvent ce que vous aimez dans votre conjoint et lorsqu'un problème viendra frapper à votre porte au lieu de se rejeter la faute mutuellement, demandez-vous comment régler les soucis. La question n'est pas « Est-ce que je peux ? » mais « Comment je peux ? ».

Une vie de couple se construit, s'entretient, se répare ! Une vie de couple se vie et se partage à deux, que cela soit dans le bon comme dans le mauvais !

Huile de massage romantique :

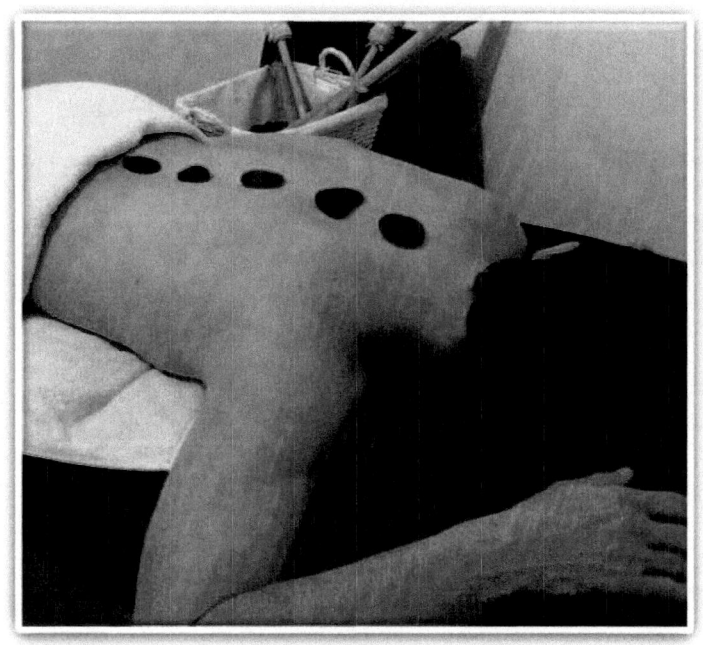

Dans un flacon de 100ml, ajouter 80ml d'huile végétale (huile d'olive/d'amande douce…) ainsi que :

20 gouttes d'huile essentielle d'Ylang Ylang

15 gouttes d'huile essentielle de Gingembre

15 gouttes d'huile essentielle de Néroli.

Avant d'utiliser le mélange, vérifiez que votre partenaire n'est pas allergique (faites-lui tester les HE un à deux jours avant). Faites-lui également sentir les odeurs des différentes huiles afin d'être sure qu'il les apprécie. Si les odeurs ne lui conviennent pas, vous pouvez enlever l'huile indésirable et la remplacer avec une autre.

La Honte

Contrairement à la colère, la dépression... la honte peut être provoquée uniquement par une représentation. En effet beaucoup de sentiments, de ressentis peuvent être provoqués par une substance, la honte quant à elle...pour exister, il nous faut une représentation, il nous faut quelqu'un à qui (ou quelque chose à quoi) nous comparer, nous mesurer...

A sa naissance, un enfant est beau, intelligent, gentil... puis en grandissant on le compare/il va se comparer avec son entourage. Il arrêtera de se considérer beau car ses oreilles sont décollées, car il a la mâchoire trop carrée, il est roux, noir...En grandissant une petite qui parle « seulement » 2 langues dans une famille de polyglottes où ils maitrisent tous 4,5,6... langues sera considérée comme inférieure intellectuellement... Bref, on aura honte de notre corps, esprit, sentiments... Nous aurons honte de ce que nous sommes et beaucoup d'entre nous, irons décrocher la lune pour plaire à leur entourage. Et tout au long de cette quête d'amour et de reconnaissance, nous serons quelque peu agressifs, tristes et avec le temps aigris.

Le neuropsychiatre Boris Cyrulnik, compare la honte avec un poison de l'âme. Certes, on peut se dire que la honte nous « empêche » d'avoir certains types de comportement. Cependant, selon moi, nous pouvons nous maitriser également par d'autres ressentis qui ne nous demandent pas de s'infliger des blessures supplémentaires !

J'ai honte de :

Parler d'une agression :

Agressé = victime, victime = faible

Assumer une agression c'est également assumer que je peux être faible…

Ceci est valable tant que la société m'exige d'être fort. Lorsque nous nous trouvons dans un groupe qui parle ouvertement des mêmes sévices que ceux que nous avons subis, il devient plus facile d'en parler et de l'admettre. Si les autres ont vécu la même chose que moi, c'est qu'ils ne sont point plus forts !

J'ai honte d'être noir, gay, femme, grosse…

Que cela soit une question d'origines ou bien de caractéristiques physiques, beaucoup de personnes sont traitées comme « inférieures ». Ce type de honte finie par s'intégrer à notre subconscient et nous faire perdre confiance en nous. Certains vivent la situation comme une fatalité ce qui amène une continuité de la situation. Chez d'autre le sentiment d'injustice est tel qu'ils n'arrivent plus à avancer et reviennent sans cesse à la situation vécue. La honte existe uniquement face à une représentation !

J'ai honte de mes agissements / de mes paroles.

Là encore, nous nous mesurons avec ce que notre entourage attend de nous. Chaque groupe, chaque société établi un certain nombre de règles « justes » pour les membres qui le constitue. Systématiquement, si nous n'agissons pas selon ces mêmes règles notre sentiment de honte et de culpabilité, nous rappelle à l'ordre sans même avoir besoin d'une intervention extérieure.

Rester en accord avec ses valeurs et ses principes, est l'un des seuls moyens de vivre en paix avec soi.

Croyances limitantes

Mes pensées, mon passé, mes capacités, mon éducation, mes interprétations... tous cela va déterminer qui je suis, ce que je ferai de ma vie et où sont mes limites ! Tout au long de notre vie, nous nous créons une image de qui nous sommes. Tantôt réelle tantôt montée de toutes pièces... Il arrive cependant, que parfois la représentation que nous nous sommes créés et la réalité finissent par se heurter... lorsque cela arrive, le choc peut-être très violent. Les étiquettes que nos proches nous ont collées, celles que nous avons accrochées tout seul, les croyances, les certitudes... parfois tout ceci vole en mille et un morceaux !

Mais qu'arrive-t-il à ce moment-là ?

Se retrouver face à ses limites et ses peurs peut être très effrayant. Ce qui nous bloque la plupart du temps ne sont pas nos capacités physiques mais la certitude que nos limites se trouvent à telle ou telle endroit. Imaginez par exemple Bach ou Mozart, si durant leur jeunesse on leur avait dit qu'ils sont mauvais en musique, si on les avait envoyés travailler à l'usine ou bien on avait fait d'eux des médecins... Ils auraient passé leur vie entière à être persuadés que de toute façon ils n'auraient jamais réussi avec la musique... et en effet ils n'auraient pas réussi, puisqu'ils n'auraient jamais essayé... J'adresse une pensée à tous ces génies et artistes qui sont passer à coté de leurs vocations simplement car ils étaient persuadés de ne jamais réussir !

Une personne qui est mal dans sa peau, qui se sent stupide ou bien grosse ou incapable... bref une personne qui se trouve mille et un défauts, sera toujours sur le qui-vive et à l'affut de la moindre réflexion ! Elle cherchera à confirmer ou bien que vous démentissiez ses « défauts ».

Je sais que ne peux pas ! Je ne suis pas assez fort/e ! Je ne saurai jamais faire ... Nous l'avons tous dit ! Et encore pire, nous avons tous cru ces phrases malheureuses ! Et pourtant la seule limite qui existe est en réalité celle que nous nous posons ! Je ne peux pas, ne veut pas dire que je ne pourrai jamais, cela ne veut pas dire que je dois renoncer... non cela veut dire simplement qu'ACTUEL-LEMENT je n'y arrive pas, cependant si je trouve comment évoluer je pourrai y arriver ! Si j'améliore mes capacités, je serai probablement en mesure de réaliser ce qui me semble impossible. De progresser, de trouver une solution, d'évoluer, tout cela reste cependant un choix personnel qui n'a rien à voir avec nos capacités mais plutôt avec notre état d'esprit ! *

Pourquoi je refuse alors de prendre une décision ? Pourquoi je reste derrière un « je ne peux pas » ? Modifier un comportement, demande de sortir de sa zone de confort, sortir de sa zone de confort = prise de risques et affronter l'inconnu = un échec éventuel ! Nous ne sommes pas des machines, nous avons besoin de temps pour avancer et de temps pour se reposer. Il existe des périodes où nous avons besoin de s'arrêter, de prendre son temps et de se reposer avant d'affronter de nouvelles aventures. Ces périodes sont vitales, cruciales et nous permettent d'avancer plus vite et plus loin ! A condition bien entendu de prendre le risque d'avancer ! Le danger lorsque nous passons par de telles périodes, c'est de nous nous enfermer dans une routine. Elle n'est pas forcément facile, ni obligatoirement agréable, mais cette routine est bien connue, elle nous rassure et ne nous place pas devant des difficultés que nous ne connaissons pas… La vraie difficulté est justement dans ce premier pas pour se remettre en marche ! Combien de fois vous avez observé des personnes qui se trouvent dans des situations difficiles, en les regardant on se dit

« Réagis ! Sort de telle ou telle situation ! » Imaginez maintenant une porte grande ouverte, de l'intérieur il y a plein de choses affreuses, mais vous les voyez, vous pouvez les identifier, vous les connaissez... De l'autre côté de la porte il fait noir, très noir... vous ne voyez rien du tout ! Est-ce que de l'autre côté c'est mieux ? Est-ce que c'est pareil ? Voir encore pire ?! Alors à moins d'avoir le couteau sous la gorge, on reste un bon moment sur le pas de la porte et on se demande que faire ? Je passe ? Je prends le risque ? Je reste avec le mal que je connais ? Voilà vous savez maintenant pourquoi certaines personnes restent devant le pas de la porte...parfois durant toute leur vie...

Je connais bien mes limites !

Ceci est une phrase qu'on dit souvent, une phrase qui montre que nous sommes rationnels et terre à terre. Cependant, la plupart du temps nos limites sont là ou nous les avons posées. Combien de fois vous avez prononcé « Je ne m'en croyais pas capable ! » « Je n'aurais jamais cru avoir la force de... » Combien de fois dans votre vie vous avez dépassé vos limites ? Il est important de garder à l'esprit que lorsque nous sommes face à une personne, qui nous assure qu'elle n'arrivera jamais de faire ou dire quelque chose, il est inutile d'insister lourdement. Vous pouvez être persuadé que la personne va y arriver et vous aurez probablement raison. Cependant, insister ne fera que repousser la personne et la retrancher dans son refus. (Et je parle ici d'expérience !) Vous souhaitez montrer à quelqu'un qu'il/elle peut aller plus loin ? Donnez-lui envie de se dépasser, donner lui envie de DECIDER tout seul d'aller plus loin, d'essayer, d'insister…

Un professeur ne vous demandera jamais en $6^{\text{ème}}$ de faire des sinus ou cosinus ! Il vous demandera de faire des calculs simples, à peine plus compliqués que ceux de l'année précédente, puis il augmentera le niveau encore et encore…Puis un jour vous serez capable de résoudre des calculs qui vous auraient coupé le souffle quelques années plus tôt !

Lorsque vous demandez quelque chose, vérifiez que votre demande est adaptée ! Assurez-vous que la personne est capable et qu'elle est prête mentalement à passer le pas !

* Dans ce chapitre il est question, des limites psychologiques que nous nous imposant. Les pathologies médicales en sont toute une autre histoire.

Pour la fin, je vous ai gardé l'une de mes disciplines préférées. – L'analyse transactionnelle. Je vais faire bref et simple, cependant, en vue du grand intérêt que cette discipline suscite chez moi, un album dédié entièrement à l'Analyse Transactionnelle sortira sortir courant 2020.

Les différents états du moi

Analyser une personne, son comportement, sa manière d'être, mais pour quoi faire ? Que cela peut-il m'apporter ? Que cela peut-il apporter à mon interlocuteur ? Analyser quelqu'un / quelque chose demande simplement, que l'on fasse l'effort de comprendre, de prendre en compte. Comment peut-on s'attendre à des relations stables et saines si nous ne sommes pas en mesure d'écouter et d'avoir de la considération pour les sentiments et les besoins de la personne en face de nous ? Voici donc l'un des plus grands maux de notre société, l'individualisme et cette fausse croyance que ce qui est bon selon nous, l'est forcément pour les autres aussi…. Alors finalement, analyser c'est tout simplement se détacher de soi pour être à l'écoute de l'autre, oublier ses croyances pour entendre celles de l'autre. Attention, cela ne veut sûrement pas dire que nous devons nous effacer et accepter la parole de l'autre, il est simplement question d'entendre réellement et d'apprendre comment agir en conséquence.

Et le mot transactionnel ? Que vient-il faire là ? Lors de nos échanges nous sommes constamment dans la transaction de signes - verbaux ou non. Nous répondons à la personne en face par des mots, des gestes ; nous faisons parfois ressentir notre joie, nos peines, notre malaise… Le tout c'est d'apprendre comment décrypter -avec bienveillance- les signes qui nous sont adressés et également d'apprendre à renvoyer -toujours avec bienveillance- les signes adéquats qui sauront construire un échange productif et constructif.

Alors avant d'aller plus loin, il est également important de comprendre que lorsqu'une personne exprime quelque chose (verbalement ou non), elle parle à travers son vécu et ses croyances, ses blessures et son éducation. Ce que je laisse sortir hors de moi, je l'ai d'abord fait grandir à l'intérieur de moi ! Il est important de comprendre ce principe, car lorsque nous nous trouvons face à une personne dont nous ne comprenons pas les réactions ou les paroles nous cherchons souvent désespérément à lui faire comprendre « le droit chemin » tel que nous le voyons si évident, alors qu'il serait plus productif de simplement chercher l'origine de ces réactions.

Je vous invite d'imaginer une pièce de théâtre.

Dans la troupe d'acteurs, il y a une personne sévère et froide, Avec des traits tirés et rigides, le regard en réprimande, les sourcils froncés… C'est le juge, le policier, ce sont les règles et les limites. Le rôle primaire de cet acteur est de protéger l'ordre coûte que coûte ! Il pourra faire peur, mais qui peut le blâmer d'accomplir son devoir !

Imaginez maintenant, son opposé. Ce deuxième acteur est doux et bienveillant. Avec une compréhension légendaire, avec un regard chaleureux, des gestes apaisants, toujours prêt pour nous trouver une excuse, justifier nos écarts !

Le troisième, il est neutre, imperméable. Droit et stoïque, il fait penser à une zone neutre ou aucun sentiment ne vient perturber la logique et le monde cartésien.

Maintenant, imaginez trois enfants qui accompagnent cette troupe d'artistes (quarte selon certaines écoles).

Un premier qui a l'air léger, tête en l'air, il sifflote, il rit fort, les conséquences peuvent aller au diable ! C'est un enfant libre de toutes contraintes, un enfant dirigé par ses envies et ses pulsions.

A côté de lui se tient l'adolescent rebelle, avec son regard provocateur et sa posture quelque peu menaçante et sa voix criarde. Il nous défie, rien que par sa présence ! On pourrait croire que l'opposition a été élevée au rang d'un art chez ce personnage !

Et tout derrière, un peu caché, un peu mis de côté, il est là ! Ce dernier enfant apeuré et effacé, ce personnage qui malgré son apparente faiblesse finit par diriger une grande partie de notre vie… Cet enfant blessé se rappelle les blessures passées. Il se rappelle les peurs et des craintes, des trahisons et des disputes… Il rumine souvent et nous pousse à courber le dos par crainte de provoquer une nouvelle dispute !

Et voilà, vous avez la troupe d'acteurs qui dirige votre vie, vos actions, vos décisions ! Vous les avez tous adoptés au fur et à mesure des années.

Malheureusement, seuls et sans votre compréhension de leur monde, vos états d'âmes finissent par perdre l'harmonie de leur existence et au lieu de faciliter vos échanges sociaux, ils finissent par devenir des geôliers.

Imaginez un instant un parent normatif qui vient prendre le pouvoir absolu ! Quelle tyrannie en sera suivie ! Imaginez qu'il se mette à étouffer les sentiments qu'il réprimande les peines... Une triste vie risque de s'en suivre !

De même, voir votre parent nourricier prendre le devant, serait-il une si bonne idée ? Toujours à trouver la bonne excuse, toujours à pardonner, à tout accepter... Pauvre de lui face à un enfant rebelle qui l'écrasera sans la moindre pitié !

Et pourquoi pas laisser l'adulte par exemple ? Imaginez une vie sans aucun rêve, une vie dépourvue de peine mais également de joie ! Une vie où tout est blanc ou noir, chaud ou froid...une vie sans amour, sans bonheur !

Et les trois enfants... Sont-ils assez matures ? L'un qui agit sans jamais se soucier des répercutions, l'autre qui ne vit rien que dans l'opposition et le troisième qui porte toujours les lunettes du passé... Les blessures du passé qui nous poussent à ruminer et s'imaginer tout un tas de choses. Ce sont également ces mêmes blessures qui viendront pousser l'enfant soumis à courber le dos pour éviter les conflits, et plus il courbe le dos et plus il rumine et plus il rumine et plus il courbe le dos…

Voici comment finalement nos états vivent dans un équilibre très fragile, un écosystème qui leur est propre et qui, s'il est mis à mal, finit par avoir des répercutions fortement néfastes sur nous et notre comportement. Il existe différentes techniques pour apprendre à se connaître et prendre confiance en soi afin de s'affirmer et d'être capable de mobiliser tel ou tel état de son « Moi » adapté à une situation et à un interlocuteur donné. En effet, on ne peut pas changer son caractère, mais lorsqu'on apprend à connaître les différents éléments de sa personnalité, lorsque l'on sait que notre enfant rebelle risque de prendre le dessus, ou que notre enfant blessé va encore se faire malmener nous pouvons analyser, maîtriser et modifier nos comportements afin de rééquilibrer les échanges, plus sereinement.

Récapitulatif

Le « **Parent** » est la partie du « Moi » qui s'est constituée dans l'enfance sous l'influence du modèle parental et de l'entourage. Il représente la partie de nous qui a conservé les pensées, les sentiments et les comportements de nos modèles parentaux.

Parent Normatif : Maintien de l'ordre et des cadres imposés.

Parent Nourricier : Le réconfort et le pardon.

Adulte : La logique simple et pure. L'esprit pragmatique. C'est lui qui observe, comprend, agit, décide, analyse… Cette partie de nous est là, ici et maintenant, elle représente la réalité à l'instant.

« **L'Enfant** » est le premier état du « Moi » qui s'est constitué après la naissance. Il exprime sans réserve l'affectivité, les besoins, les sensations, les émotions de la personne. Cette partie de nous représente nos pensées, nos souvenirs et nos comportements de l'enfance.

Enfant Libre : L'action avant la réflexion. La spontanéité et liberté.

Enfant Rebelle : La provocation et le défi.

Enfant Blessé : L'écho des blessures passées.

Six parts égales = un résultat harmonieux.

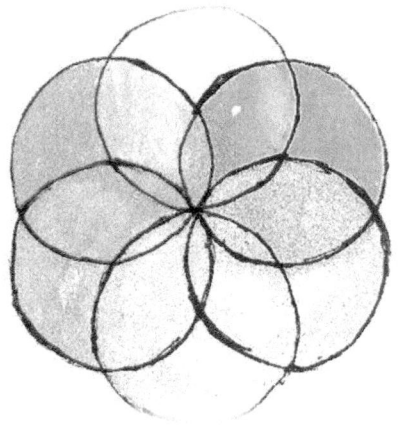

Six parts déséquilibrées = un résultat brouillon et disgracieux !

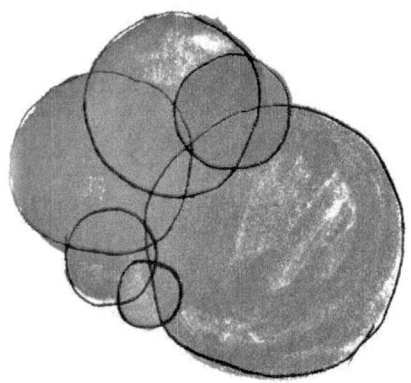

Les Mandalas

Lutter contre le stress, l'angoisse, se reconcentrer et se recentrer… les bénéfices des mandalas ne sont plus à prouver ! Depuis des millénaires, ils font partie des cultures et des croyances. Depuis quelques années, ils ont fait peau neuve pour revenir dans notre quotidien sous forme de coloriage anti-stress.

Sur ma route, j'ai eu le bonheur de rencontrer une drôle de dame. Depuis plusieurs années, elle crée des mandalas avec tout ce qui lui tombe sous la main ! J'ai pu l'observer dans son élan créatif et à ma grande surprise, j'ai vu des mandalas apparaître à partir de morceaux de sucre par exemple, puis de feuilles et de branches, ou du sable… aucune limite ne vient heurter l'esprit créatif de Marie-Pierre !

J'ai cherché des mots pour décrire le comment et le pourquoi Marie-Pierre Lenroue, a pris ce chemin. Il m'était impossible de décrire son amour pour les mandalas, voici donc ses propres mots :

« C'est en 2002 que je découvre les mandalas et que je peux enfin mettre un nom sur tous ces dessins que je fais depuis l'enfance avec mon matériel de géométrie. En 2008, je découvre les mandalas éphémères et je peux enfin mettre un nom sur toutes ces belles constructions que je compose depuis mon plus jeune âge. Je les ai toujours composées ! Avec tout ce qui me tombe sous la main !

Quel soulagement ! Ce que je vivais comme une différence, deviens tout d'un coup normal !

Aujourd'hui je dessine toujours des mandalas à colorier, j'anime également des ateliers de mandalas éphémères pour la joie des petits et des grands. Avec les mandalas, chacun y trouve son chemin personnel en allant à la découverte de soi petit à petit, en renforçant la confiance en soi et l'organisation. On améliore la liberté d'expression créative en public et on apprend à respecter celle des autres.

Je suis heureuse de transmettre cet art autour de moi et de constater les effets positifs que cela procure ! »

Je remercie Marie-Pierre d'avoir joint certaines de ses belles créations à mon album ! Je vous laisse à vos crayons !

Vivons aujourd'hui, hier est fini, demain n'est pas sûr…

Comment aimer les autres sincèrement, si je ne m'autorise pas à m'aimer moi-même ?

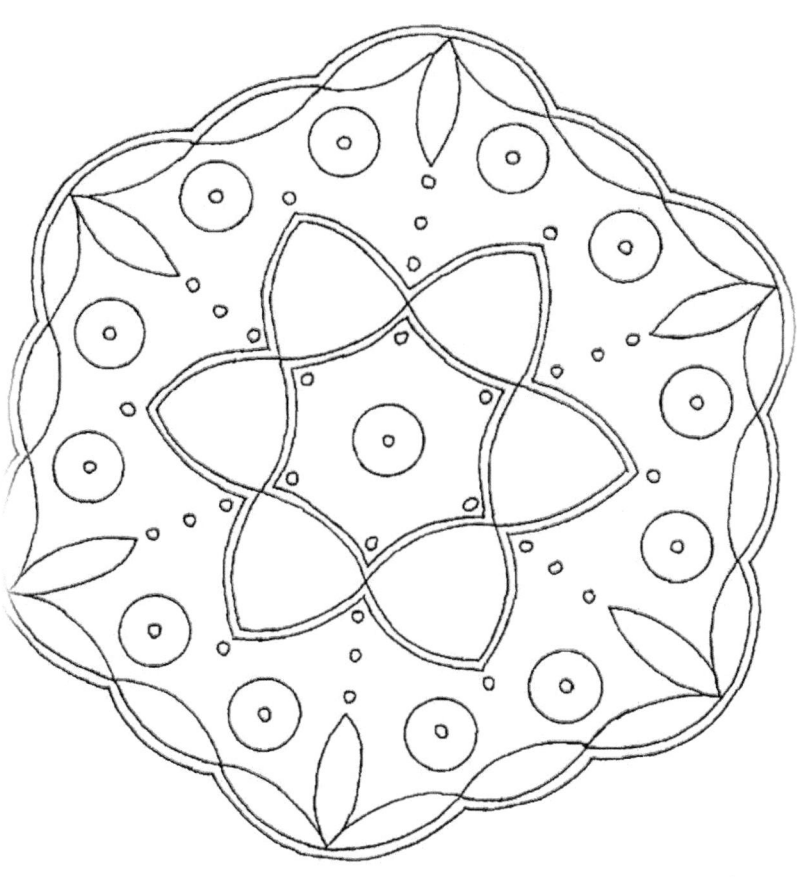

Je ne suis pas obligé de gravir une montagne en une journée, il me suffit juste de faire un pas chaque jour…

Plaire aux autres ?! Quelle idée saugrenue ! Me plaire à moi-même, c'est tellement plus amusant !

Se compliquer la vie pour se prouver qu'on est fort… quel hobby épuisant !

S'habiller pour les autres, dépenser pour impressionner, se sacrifier pour plaire... C'est l'emploi le plus lourd en horaires et le pire en salaire...

Quand je suis aimé par beaucoup, je sais que je n'ai pas été sincère…

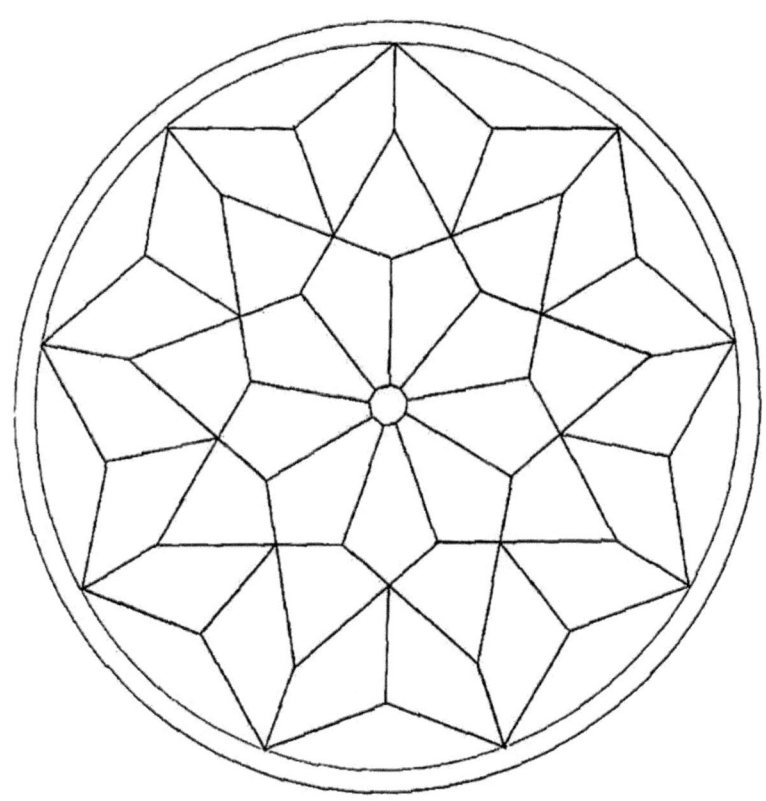

Avoir du pain à table et une maison remplie de rire. Voilà une belle preuve d'avoir réussi sa vie...

Se poser des questions, chercher à savoir, douter. Tout ceci n'est pas une maladie, c'est une preuve d'intelligence !

Je peux ne pas être d'accord avec toi, tu peux ne pas être d'accord avec moi. Mais on peut avoir tous les deux raison.

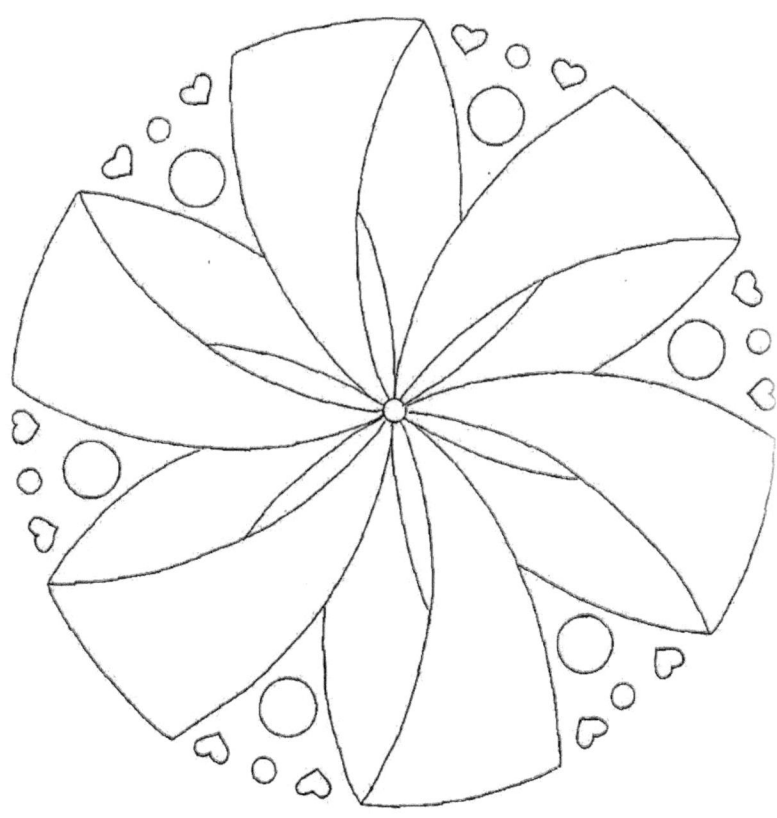

Manquer de nourriture alimentaire est un drame. Manquer de nourriture culturelle est une catastrophe !

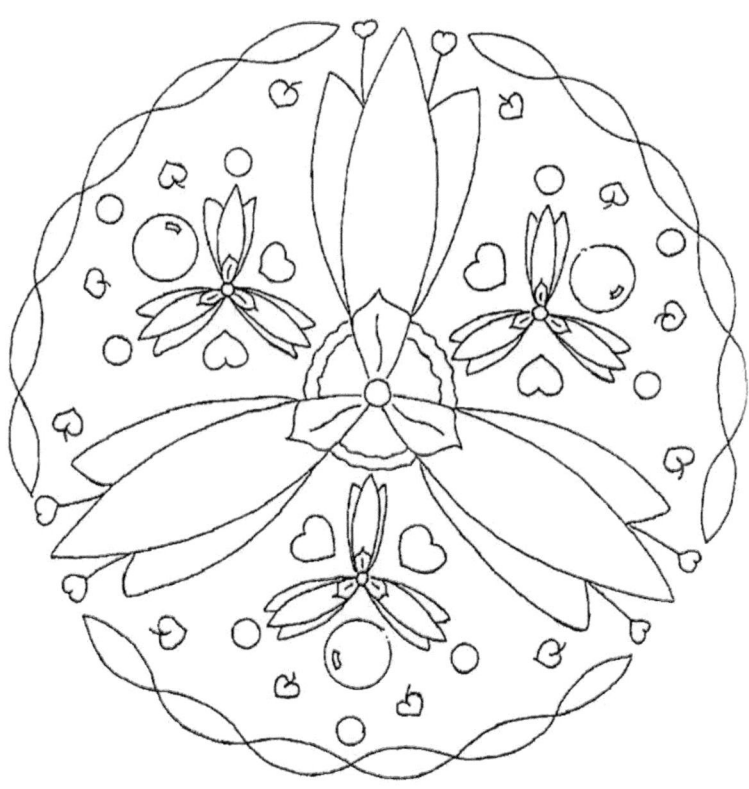

Une société dirigée par des sots est en grand danger !

Une société dirigée par des penseurs persuadés de leur raison infaillible, va doucement mais sûrement à sa perte !

Parfois, il est plus facile de gagner que de renoncer...

La parité prend son vrai sens, lorsque nous commençons à distinguer l'égalité et l'équité.

Si j'arrête de t'aimer, cela veut simplement dire que j'ai changé, tu as changé... nous avons changé... Souviens-toi, que malgré tout, mon amour était sincère !

Sommaire

Préface	7
Les émotions	13
Culpabilité	21
Techniques de massages et relaxation	33
Les bienfaits des massages	35
Les massages – un peu de gestuelle	43
Quelques gestes de base	47
Exercice de massage	50
Diminuer le stress	50
Le point sensible	53
Visage	55
Relâcher la mâchoire	57
Mémoire et concentration	61
Le pouvoir extraordinaire de l'inconscient	65
Le mémoire et les apprentissages	71
Les faux souvenirs	77
La mémoire traumatique	79

Les différentes étapes de l'apprentissage	83
Les faux supers pouvoirs	87
Un peu de relaxation	95
Exercice de relaxation	95
La respiration	96
Les bruits	97
Mon jardin des sentiments	99
Créer un vrai jardin aromatique	102
Apaiser sa colère	104
La bulle de savon	105
Aromathérapie	109
Bien choisir ses HE	115
Grippe	118
Dentifrice fait maison	119
Poux	121
HE de Lavande	123
Camomille Romaine	130
Tea Tree	133
Ylang Ylang	141

Anxiété	146
Renforcer vos cheveux	148
La menthe poivrée	151
Foie fatigué	156
Sinusite	156
Rhumes	157
Les 5 besoins fondamentaux	161
Vivre à deux, vivre heureux	165
Le dictat silencieux du couple parfait	166
HE Romantique	174
La honte	177
Croyances limitantes	181
Les différents états de moi	187
Les Mandalas	195
Sources	233

Sources :

« L'univers de L'hypnotisme » Carles de Liguori – édition – De Vecchi

« Au diable la culpabilité » Yves-Alexandre Thalmann – édition – Poches Jouvence

« Facteurs de maladie Facteur de guérison » - Antonio Ferro – édition – In Presse

« Manuel d'Analyse transactionnelle » Ian Stewart et Vann Joines – éditions – InterEdition

« Manipulé, Moi ? Jamais ! » - Fernand Ettori et Pascal Génot – éditions – First Edition

Université de Nantes – Conférences et interviews : Boris Cyrulnik
- La mémoire Traumatique
- La résilience – La nuit j'écrirai des soleils
- Biologie de l'attachement
- De la tragédie à la reconstruction
- La résilience dans les situations extrêmes
- La construction de la personne
- Le théâtre intime de la honte
- Cerveau et psychothérapie
- La honte, le poison de l'âme

Ecole Française des médecines douces
- Formations de Hypnothérapie
- Formation D'analyse transactionnelle
- Formation d'Aromathérapie
- Formation D'EFT (Technique de libération émotionnelle)

Formation de massages - Ecole Welnes – Belgique
- Relaxant
- Au bambou
- Amma Assis
- Pierres chaudes
- A la bougie

Compagnie des sens

Aromatherapia – tout sue les huiles essentielles : Isabelle Pacchioni – Editions Aroma Thera

Huiles Essentielles – Le Mag' : Didier Pesoni – Editions Terres d'essences